異本論

外山滋比古

筑摩書房

目次

異本論

読者の視点

ごく軽い気持で読んだ本が思いがけなくおもしろい。こんなにおもしろいのなら、すこし本格的に調べてみようか、論文でも書いてみるか、と考える。ところが、そういうふうに構えると、とたんに、それまで感じられたおもしろさがどこかへ消えうせてしまう。そういうことがよくある。

気楽に、気ままに読んでいるときおもしろいからといって、そのまま、研究の対象にしておもしろいという保証はない。どうして、こういうことが起るのか。不思議である。

自然な読書に当って、われわれは、自己中心の立場をとっている。ところが、改まった鑑賞、批評、研究を心がけるときは、その自己中心的な考えをすてて、作者、作品を中心にすえる。この姿勢の変化が読むものの味わいを変えるのであろう。はじめおもしろかったものが、自分を抑えた読み方を始めると、急に索然としたものになる。

多くの場合、はじめの読者中心の読み方は、あとの作者、作品中心の読み方よりも劣るもののように考えられる。もし、両者に解釈が喰い違うことがあれば、ためらうことなく前者の読みの方は否定されるのが普通である。

もちろん、じっくり腰をおちつけ、対象を入念に吟味してみて、はじめておもしろくなるような作品もないわけではない。しかし、その場合でもなお、おもしろさは、読者の自由な見方と深くかかわっているように思われる。読者が自己を否定して、ただ、作品に忠実にということのみを考えて読んだようなものが、ほんとうにおもしろいはずがない。

イギリスの詩人・批評家T・S・エリオットは、またすぐれた書評家でもあったが、自分の仕事を回顧して、こういう意味のことを言っている。

うまくいった書評は、書評を頼まれる前に読んで、おもしろいと思った本に多かったようだ、と。

書評をしなくてはならないという義務感は構えをつくる。その緊張が自然な目配りを失わせるのかもしれない。のびのびと読む読者が感じとるこまかい、あるいは、大まかな味わいを、汲みとりそこねるおそれがある。百戦練磨の書評家にしてもなお、そういうことがなかったとは言えまい。

読者の自由な見方を捨てることが、読むたのしみにとっていかにおそろしい伏兵であるかということを、われわれはもっとよく考えてもいい。さらに、作者、著者は何を言おうとしたのかという探求はいっそう読者の感受性を拘束する。それにもかかわらず、一般に、読者の自己否定を求め、作者、著者の意図をたずねることをよしとする。読者における感性と知性はこうしてしばしば分裂する。不幸なことと言わなくてはならない。

筆者の意図の尊重という重圧が自由な読書のよろこびを圧迫していることが、これまで、あまりにも多かったように思われる。読者はもうすこし気楽に振舞ってもよいのではあるまいか。

＊

アメリカの富豪が外国から古い彫刻を買った。着いた荷をといて見ると、ところどころが破損している。実は、はじめからそうなっていたのを買ったのだが、このお金持ちは途中で破損したものと勘違いして、もとの通りに復原せよと言い張って聞かなかった、という笑い話がある。

古美術品は自然に生じている損傷そのものが美しさをもっているのに、何と野暮なことを考えるものか。もと通りにできるわけがないが、仮にできたとしても、現状よりもその方がすぐれているかどうかは疑問である。ミロのヴィーナスは腕を欠いていても美しい。あるいは、腕がないからいっそう暗示的なおもしろさがあるのかもしれない。

それなのに、このアメリカ人は新しい家具でも買うときのように、破損を目のかたきにする。それを笑った小話である。

しかし、本当にこのアメリカの成金を笑うことのできる人はそれほど多くはない。というのは、文学作品、昔の文献についても、このアメリカ人と同じようなことを考えている人が多いからである。

手許にある流布本で読んで興味を覚えた作品があるとしよう。これについてものを言おうとすると、そんないい加減なテクストを基礎にしてはいけない、権威のある版によるべきだと言われる。どれがもっともしっかりしたテクストかと言うと、それは作者の原稿だときまっている。もし、不幸にして作者自筆の原稿が残っていないときは、すこしでもそれに近いテクストほど優れている、となる。

古美術品が時の加えた損傷をもっていても、それは美しいものとして肯定される。ところが、古典作品のテクストが受けている同じように必然的な変容については、乱れとして否定されなくてはならない。ひとつには、彫刻の欠けた腕はどう努力してみても復原が不可能であるのに、言語表現では、相当程度まで原形へ復することができる。それで原稿があるならそれに従うのがもっとも正しいという考えが確立する。

原稿絶対視の思想は印刷と無関係ではないであろう。印刷には誤植がつきものである。何回校正をかさねても、なお誤植をまったく無くするのは容易ではない。その校正に当って心掛けられるのが原稿通りということである。これが原稿至上の考えになる。ひいては作者、筆者の意図を絶対視する風潮をつくり上げるのであろう。

これが徹底すると、原稿にある明らかな誤記までも、あえて訂正しないで、原文のままであることを表示する小字の〝ママ〟を付して再現することが行われるようになる。第三者の改変はすべて悪なりとするのは印刷文化によって育った思想であるとしてよい。

それが、印刷術普及以前の表現、作品にも拡大適用されて、ことごとに原稿通りを理想とすることになってしまった。すくなくとも、文学の研究においては、いまのところそれが鉄則である。

テクストだけではない。表現の意味に関しても作者の意図が最優先する。かりに作者の意図が明らかでないときも、それにすこしでも近づくことが求められる。読者の解釈は斥けられて、〝事実〟が尊重されるのである。

作品を河にたとえると、読者の立っているところは、水源地へ到達することを求めているようなものである。読者の立っているところは、他からの流入があって純粋でない。支流を避け流れに逆らって河上へ河上へと遡行する。そしてついにはスプリングヘッドに至る。それではじめてこの河の正体は究められたとするのである。源泉主義である。流域には目をつむる。テクストの自然の変化を認めようとはしないで、読者の視点は作品発生の時点に向けられている。後向き、見返りの関心である。

＊

しかし、河は流れる。小さな渓流と思ったものが、いつしか、川となり、さらに下流になると満々と水をたたえる大河になっていることもある。その大河の姿を源泉にあって想像するのは難しい。どこからともなく、水量が増す。支流、分流の水を集めて河は流れて行く。作品にも同じように、すこしずつだがふくらんでゆく生命を認めてやってよいのではあるまいか。いまは鬱然たる大古典である作品も、その昔、作者の手を離れるときは、ほかの作品とあまり変るところのない片々たるものであったかもしれない。作者の手もとで古典になって世に送られる作品はひとつも存在しない。このことはつねに銘記すべきであろう。

ある作品が、時の流れに沿って幅を広げてゆくのに、それと同じように見える、あるいは、それ以上に有望に見える作品が、はじめはすこしさかんなところを見せても、やがてすこしずつ涸れて、ついには消えてしまうということはいくらでもある。

その差を生ずるのは、作品の内部にこめられているエネルギーであるが、それだけではない。作品には運、不運ということもあるからだ。内蔵するエネルギーに火をつけてくれる外部からの契機がないと、ひらくべき花がつぼみのままで終るかもしれない。

有力な支流がいくつも流入してこないと大河にはならない。支流をまるで目のかたきのようにするのは古典成立の実際を無視するものである。

原稿至上主義は、すでに大河、つまり、古典であることがはっきりしている作品について、その大河となった所以を問うよりも、その出生の源泉を究めることに関心を集中する。したがって、大河であることは問題にはならない。どういう支流が流れ込んでいようとおかまいなしである。とにかく、流域でおこることはすべて、泉の清純を濁らすものとして嫌われる。途中の景色には目もくれず、ひたすら上流へとさかのぼって行き、ついに流れの源に達することができれば、それで研究は完成するのである。

これが不自然であることは一見して明らかである。時間の流れに逆行することによって、人間の営為の実体が見失われる。作品を固定したものとして、これを振返って見ることにおいてのみ表現の存在を認めようとするのは、作品が感じさせる生々発展の力を抹殺してしまうことになる。

作品が時間の流れに沿ってどのような運命にめぐり会い、どのように展開して行くか。それをたどって行く見方も必要なのではあるまいか。

作品は読者に読まれることで変化する。

そして、あとからあとから新しい読者があらわれる。文学作品は物体ではない。現象である。読者が新しい読み方をすれば、作品そのものも新しく生れ変る。後世、大多数の読者が、作者の夢想もしなかったような意味を読みとるようになれば、その新しい意味が肯定されてしまうのである。諷刺文学が子供の読みものとなることもある。歴史的記録が文学として読まれることもすくなくない。宗教の経典が芸術作品として読まれるかと思うと、文学のつもりで書かれたものが、たんなる歴史的雑資料とされるという例もある。

古典と言われるものには、多かれ少なかれ、こうした読者の改変が加わっているものだ。作者の考えた通りの作品がそのままで古典になるということはまずあり得ない。

古典を成立させるときに参加する読者の視点は、作品が生きて行く未来に向けられている。原稿至上主義の読者の視点が源流に向いているのに対して、こちらは、河口の方を向いていている。

＊

外国文学のおもしろさ、難しさは、どこかしら国文学とは違うように思われる。外国文学にひかれるのは、実は、対象のあまりはっきりしたことがわからないからであるかもしれない。

はっきりしないところがあれば、読者は想像力をはたらかせて解釈をする必要がある。それで、何気なく読み飛ばしているわかりやすい作品とは違った興味を覚えるようになる。外国文学のおもしろさは心理的距離がつくり出しているおもしろさだと言ってよかろう。構えずその距離に遊ぶことができれば、外国文学ほど楽しいものはない。

しかし、ここでも、もう一歩ふみ出して、本格的なことをしよう、専門に勉強しようとなると、たちまち、彼我の距離が行手に立ちはだかる。はじめはプラスに働いた距離感がマイナスとして作用するように感じられてくる。ここで戸惑わない研究者はすくないであろう。悩まないで、そこを通り抜ける人がいればよほど幸福な楽天家である。

対象との距離感が抵抗と感じられたら、それに最後までつき合ってみるのが外国文学研究者の道であるはずだが、そういう不毛と思われることをいつまでも続けるほど気の長い人はすくない。

壁にぶつかると、すぐ弱音をはいて、援軍を求める。もっとも頼もしそうに見えるのが原稿至上の源泉主義、つまり、国文学的方法である。外国文学の座をさっさと降りて、そちらへ鞍替えをしてしまう。そして、そもそも、国文学だ、外国文学だと区別するのがおかしい、文学は一つである。たとえ外国の読者であっても、外国人としての研究などあるわけがない。国文学として研究している人と同じことができるべきである――そういった〝方法論〟がまかり通る。それに対して、多くはどこかおかしいと感じながらも、はっきりした反論も出せないまま、外国文学の〝研究〟が量的にはどんどんふえる。それに反比例して外国文学がおもしろくなくなってゆく事実は何人も否めない。やはり〝方法論〟が誤っているのだと考えるのが自然であろう。

外国文学の読者は、国文学の読者に比べて、さきの河流の比喩によって考えれば、ずっと下流にいる。もし、源泉主義をとって、原形を明らかにすることのみを目標とするならば、河下にいるだけ、自国文学の読者よりも不利であるのは免れない。

川上にいる本国読者から情報を流してもらってその糟粕をなめることから研究が始まる。それは已むを得ないが、最後までそこから足を洗うことができないで終るのでは情けない。外国文学研究に独立独歩はないのか。源泉主義に拠る限り、この悲観論を克服するのは困難のように思われる。

しかし、視点を下流に向ければ、外国文学読者は本国の読者にない利点に恵まれていることが了解される。そして、さきにものべた通り下流に向けられた視点において古典が成立するのである。

また、近いものはよくわからぬという逆説もある。同時代文学の評価が定まらず、「時のふるいにかけられる」のを待たなくてはならないのも、あまりに近いからである。読者のすぐ近くにいる作者の作品は近すぎるために見当違いな評価を受けがちである。文学史上の傑作で最初の批評が完膚なきまでの酷評であったという例は古来あまりにも多い。読者はただ作品に近きをもって尊しとしない。外国文学が大きな距離にはばまれているのは、むしろ幸福とすべきであろう。それを自ら好んで捨て、源泉主義につき、距離感をあいまいにしてしまうのは愚である。

創作が洗練された情緒、ほとぼりのさめた感情を素材にすべきであることは、ワーズワースの「詩は静寂において回想された情緒である」をもち出すまでもない。デタッチメントといい客観というも、つまりは、対象との距離をたっぷりとれ、ということである。戦争文学は戦争直後よりも、十年、十五年と時が経ってからすぐれた作品が生れるというのも偶然ではない。

作者の側にも素材との間に距離が必要なわけだが、読者にとっても事情はあまり変らない。適当な距離が必要である。そして、遠くなったものを理解しようとすると、読者のコンテクストの作用が強くなる。知らず知らずのうちに、新しい要素をもちこんでわかろうとする。これがときに誤解となることもないではないが、新解釈、おもしろい理解は、しばしば誤解と紙一重のところで隣り合わせになっているものだ。

しかるに、原稿至上主義は、読者と作品の距離をゼロにすることを理想にしている。そういう考え方から芸術の躍動が感じられにくいのは当然である。外国文学は、距離を怖れてはならない。むしろ、その距離を生かすことを考えるべきである。

＊

活字印刷の発達が、元来はさほどはっきりしていなかった作者と読者の区別を、決定的にした。作者の方が印刷、出版という新しい機構に近いところに位置していたこともあって、さらにはまた、読者にとって遠くなった作者の言うことがはっきりわからぬことも多くなって、作者が読者に対して優位に立つようになる。それがロマンティシズムを背景として作者の神格化を生む。作品は作者によってのみ決定されるという考え方も一般的になって、読者は影のような存在に後退するのである。これが近代文学、近代文化の特質を形成しているが、そのことは普通、ほとんど意識されない。

印刷文化は歴史に対する関心を高める役割も果した。年代順の事件記述が過去を整理された展望の中に収めるようになって、歴史主義の時代が始まった。現在においても、きわめて多くの学問が歴史的体系化を行なっていて、——史というのが必須の研究分野である。

この歴史主義的思考は、行為者に注目する。日付に敏感であり、固有名詞を中心に記述するから、名前のある作者は問題にされるが、名もない読者は歴史の登場人物となることがない。源泉主義を支えているのは歴史的思考であることに気付く。

作者の絶対的優位が当然のことのようになってしまうと、本来ならば、作者の力学の及ばないような領域まで、その考え方が拡大適用されるようになる。口誦伝承の文芸においては〝作者〟に相当するものは未分であるが、それらについても、作品である限り、〝作者〟から解放されない。無数に多くの読者に当る人たちの間で自然に結晶したようなものまで、だれかひとりの作者のつくった創作であるかのようにしないと安心できないのである。そのために、古い時代の文学がいかに大きく歪められていることであろう。

われわれは、古文芸に散見される読人知らずの作品を、研究の不行届き、歴史の杜撰のように思いがちであるが、読者の参加によって細流が大河になったような作品には、細流をつくった人の名を冠するよりは、むしろ、読人知らず、とした方がふさわしいのである。読者に相当する人間なくして作品は作品たり得ず、ということを古い文芸ほどはっきり教えてくれるものはない。

口誦文芸だけではない。およそ古典作品というものは、作者によって可能性を付与されるが、それを具現化するのは読者、多数の名もなき読者の力である。この読者の古典化の作用が明確にされていないのは文学研究の恨事である。いかなる作品が古典たり得るか、いかなる作品は古典たりえないか、を作者自身知ることができないからだ。

文学作品を考える視点はこのように二つに分れる。ひとつは、読者が源泉、原稿の方向に目を注ぎ、中途におこっているもろもろの文学的現象をすべて切り捨ててしまう歴史主義であり、他方は、読者が作品の生々流転する時間に目を向ける超歴史主義であり、作品が読者に読まれることで変化する点に関心をもつ視点である。

上流に向い、その源を尋ねる視点と、下流に向ってその展開に興味を示す視点との違いである。近代の文学研究においては、後者はほとんど問題になったことがないたいていの真摯な仕事は前者を方法論としてきた。

これは、外国文学の研究にとって絶望的な状態であるばかりでなく、自国の古典文学についてもきわめて不都合である。作品は時間的、空間的距離を移動するに当って、外形的にも内容的にも変化するが、それを乱れ、堕落と片付けてしまったのでは、作品の生命ということは比喩としても成立しにくい。

作品に対して、時間と空間がいかなる作用を及ぼすかを考えることは、必然的に、表現を読者に即して読者の側から見る姿勢を要請する。印刷出版を基調とする近代文化において、こういう考え方は久しく眠ったままになっている。

コピー

このごろは事務所とか学校にはたいてい複写機が備えつけられていて何でもコピーできる。参考資料などいくらでも複写する。かつては廻し読みにしたような本でもたちまち何ページでもコピーされ、めいめいに配られる。コピーしたものが本当に有効に使われているかどうかはかなり疑問だが、コピーすること自体に疑問をいだく人はほとんどない。われわれはよほど複写が好きらしい。

こういういわばコピー文化が始まって、すでに三十年にはなろうとしている。その間、われわれが印刷物に対してもっている常識もかなり変化してきたように思われる。

近代文化は印刷物コピーの権利《ライト》、つまりコピーライト思想とともに展開してきた。

ものを書く人は原稿とその印刷されたコピーに対して経済的権利を留保する。第三者がみだりにこれを複製することは許されないことになっている。そのことを明示している印刷物もすくなくない。このコピーライトの思想が、表現と思考の独創を奨励し、それを尊重する気風を育成した。ことに、わが国ではコピーライトは実際においてきわめて厳重に保護されてきた。検印制度である。ヨーロッパにもないこの制度を案出することによって、はるかにおくれて始まったわが版権の歴史は独自の歩みを示したのである。それは戦後の検印省略、同じく廃止によって終止符がうたれるまで続いた。そのあとすぐ、私的コピーの横行が始まったのである。

筆記するのではなく、そっくりそのままの形がたちまちのうちに再現される。本の代用として読むのにもすこしも支障がない。定価の高い本などをコピーしてテクストに使用するということも違法だけれども、実際にはかなり行われているようだ。そういうコピーの〝乱用〟に対して、いまのところ何らの規制もない。イギリスで版権法が成立したのは一七一〇年であった。それから三世紀にして版権法はいま思いもかけない伏兵に見舞われている。どこの国でもコピーは野放し。法的に規制することは難しい。西ドイツがコピー機械を売るときに、一定の率の税金を課して、著作権の補償をしようとしているのが注目されているぐらいである。

それとは別にコピーの弊害として、かんたんに複写できるものだから、それで安心してしまって、内容を読まないですますことが多くなったことがあげられる。コピーされるものの量が多いので、読みたくても読めないということもある。コピーは機械的複写だから、読まなければ人間の頭にはまったく入らない。

コピーに対して、筆記したりノートにとったりしてできたコピーは人間的複製である。複写をつくる過程でいくらかは頭に入る。あらためて読み返さなくても理解されているし、筆記はたいへんな労力を要するから、重要なところだけを抜き書きをするようになる。人間の手でつくられたコピーは新しい価値によってふるいにかけられたものである。その価値は必ずしもプラスのものばかりとは限らない。ときにマイナスの価値によって再処理を受けていることもあろう。が、とにかく、人間の理解作用を経ている点で、機械によるやみくものコピーとはいちじるしく性格がことなる。コピーの山の中に埋って生きているようなわれわれは、ときどきそのことを反省してみる必要がありそうだ。

芸術もジャンルによってコピーの許容性ともいうべきものは一様ではない。絵画や彫刻では原作品が唯一で絶対である(版画のように同一のものが複数オリジナルという場合もないわけではないが)。模造や複製はどれほどよくできていても原作とは比べものにならないし、いわんや、原作よりすぐれた複製などというものは考えることすら困難であろう。

これと対照的なのが音楽で、演奏を一種のコピーであると考えれば、音楽はコピーによってはじめて表現になると言ってもよい。コピーをつくる演奏家がすぐれていれば、芸術的栄誉が与えられるのも自然のこととされる。ミロのヴィーナスの複製をこしらえるのが上手だからといってその人が彫刻家として名を知られることはないが、ベートーヴェンの交響曲を指揮してすばらしい演奏を行うことのできる指揮者はりっぱな音楽家である。

絵画・彫刻の模造は寸分違わぬように原作を再現することを目標とする。複製者の解釈などが介入することは頭から否定される。ところが、音楽の演奏に当っては、つねに演奏者の解釈が期待されている。作曲家も、もとは、演奏者に自由な活動を許すように特別な配慮をしたものである。カデンツァはその一例である。音楽はコピーに積極的な意義、創造性を認めていることになる。造形芸術と異なる点だ。

文学は、造形芸術と音楽の中間に立っている。印刷のおかげで、多くの文学作品は原本と複製の差別を意識しなくてもよくなっている。すくなくとも、一般の読者は自分の読んでいるテクストが、原本であるかコピーであるかを気にしていない。本はすべてコピーであるが、いちばん元は原稿だからそれを読まなくては本当の味わいはわからない――そんなことを考える読者はまずないであろう。

同じ作品についても、よい版と、そうでない版があることは知っている。これはいい本だ、これは製本も印刷もお粗末である、というようなことを言う。初版よりもすぐれた版の出ることもある。これらの点で文学は、いくらかではあるが音楽に通じるところをもっている（ちなみに、小説をコピーして読もうという人はさすがにない、のはおもしろい。文学は最近の複写機によるコピーを許容しないのか）。

そういう一般読者の素朴さとは別に、文学においても、絵画や彫刻と同じように原形、原本のみ価値があると考える人たちの存在も無視することはできない。ことに、文学を源泉主義に立って考えようとする文献学の専門家にこの考え方は顕著である。同じ作品にいくつもの異なったテクストがあるとき、どれがいちばんもとの形、原稿に近いかによって、その優劣を決定しようとする。そこで、テクストの校合《きょうごう》が始まる。校合、校訂を組織的にくりかえして、原稿のはっきりしない作品であれば、無限に原稿に近づこうとする遡源活動がなされるのである。

こういう文献学の仕事が古くからあったのではなく、比較的近世になってから興ったものであることは心に留めておいた方がよかろう。もともと文学は音楽に近いコピーの考え方をしていたのだが、書物の激増にともなって原形確立の必要が生じ、コピーを否定する造形芸術的性格を新たにそなえるようになったのである。これは印刷の普及と無関係ではない。音楽、絵画、彫刻のどれをとってみても、複製の技術は文字の印刷に比べてはるかに遅れている。文字のコピーをつくる印刷はもとの手書きの文字よりも読みやすい複製をつくることができる。そこから活字信仰も生れる。手書きの文章なら信用しないことも印刷してあると何となく本当のような気がするという人がすくなくない。原形よりすぐれたコピーの存在を裏付けるものである。

印刷によって文学はコピーに関して微妙な立場におかれることになった。一方ではコピーを許容し、なおかつ他方においてはコピーを淘汰、否定しなくてはならない。文学研究の複雑さもここに起因する。

注意しなければならないのは、本というコピーができるようになって、それまでの、たとえば、写本という形でつくられたコピーとはまったく違った機械的複製があらわれたことである。本はコピーであっても読まなければ、音楽の演奏がコピーであるという意味ではコピーにならない。何でも複写機でコピーするようになって読まれないものが多くなったのと同じく、本という機械的コピーが多くなるにつれて、人間の理解をともなったコピーが少なくなってきたのは皮肉である。

＊

文学作品はもの
であるか、現象であるかという問題がある。本はたしかにもの
であるが、読まれない本は本ではない。読まれて理解されるのはすでに現象であって、物体とは関係がない。そういう理解をともなわずにつくられるコピーは、しばしば原形を堕落させて、悪いコピーになる。

それに対して、作品についての新しい解釈がおのずから新しいコピーをつくり上げ

なりうる。

るというとき、それはしばしば、原形、あるいは、もとのコピーよりすぐれたものになりうる。

われわれは、いかにも無造作に〝ものを読む〟というが、本当に読む意味を考えることは稀である。読むというのは、目に見えないコピーを頭の中につくり上げることにほかならない。そして人間はだれひとりとして、まったく同じ反応をするものはないから、同じ作品についてまったく同じ理解をすることは考えられない。似ているようでも、こまかいところを見れば必ず違っている。完全に同じコピーはないということである。

もし十人が十人、すこしも違わない理解をし、同じコピーをつくり上げたとするなら、その人たちは人間ではない。カメラか何かと同じである。人間なら、めいめいの個性、たとえ個性というに値いしないような個人差であっても、それによってユニークなヴァリエイションをつくらずにはおかないであろう。

したがって、作品は読まれ、理解されて、読者の頭の中に宿るヴァリエイションとしてのコピーに拡散するほかはない。実在ではなくて、あくまで現象である。同一作品は読まれて唯一絶対の形を保持することは不可能である。理解されるたびに新しいコピーをつくらずにはいない。そのコピーがすぐれていることもあるし、そうでないこともあろう。ただ、コピーというものを否定しては芸術的な言語表現の理解は成立しないということだ。造形芸術のように形式的複製を拒否するジャンルにおいても、鑑賞、理解は必ず目に見えないコピーを発生させているはずである。

事実とか原形とかを尊重する精神が有形、無形のコピーに対して否定的な姿勢をとるのは自然なことであろうが、それによって、理解ということ自体があいまいにされていることも見過すことはできない。

解釈は無意識で、多くの場合、無形のコピーである。すぐれた作品とは、いつまでも原形を崩さずに保つ表現のことではなくて、活潑に新しく興味あるコピーを生み出す力をもったものである。十人十色の解釈があって、それらが、たとえどんなにバラバラであっても、収斂する方向にあるなら、その原形はすぐれたものであると言ってよい。原形のみによって価値が決定するのではない。コピーによっても原形の価値は定まる。

＊

ここでまた、有形のコピーへもどって考える。作者の原稿がその作品のもっともすぐれた形であるというのは文献学の常識である。ところで、この作者の原稿というのが案外はっきりしない。同じ作品に作者によって二つの異なったテクストがつくられていることもある。俳句のような短詩型文学では名句と言われるものが、幾通りかの作者の自筆で残っていることすらすくなくない。これは最終的な形が作者の手もとでも、なおなかなか決定できないことを暗示している。

このことを意識すると、作者は作品の推敲ということをするようになる。初案が必ずしも最上ではないことを知っていて、つぎつぎ、小さなヴァリエイションのついたコピーをつくるのが推敲である。推敲すれば、必ず作品がよくなるという保証はないのだが、推敲が広く行われているのは、コピーに創造性が認められるからであろう。

アメリカの文豪ヘミングウェイは作品を書き上げると、銀行の貸金庫へ入れてしばらく眠らせておいた。やがてとり出してこれを推敲するが、十分気に入らなければ、またもとの金庫へ入れて眠らせる。こういう推敲をくりかえした上で出版に踏切っていたという。慎重だと感心することもできるが、むしろ、はじめの原稿よりもヴァリエイションの方がすぐれたものだという考えが徹底していることにおどろく。芭蕉は、舌頭に千転させよ、と教えた。やはり推敲の要を痛感していたのに違いない。

原稿は、普通、その最終的な推敲を経た形であると考えられる。それまでのものは草稿であって、作者の手を離れるときの形が絶対的だとするのが、源泉主義で考える原稿観であろう。しかし、推敲はいつ何回で完了するのかがはっきりきまっているわけではない。推敲に終りということがあるかどうかも問題である。いかなる推敲も中途半端だと言えないこともない。そのように考えるなら、コピーを無限につくりつづけて、そこから原稿を上まわるすぐれた形が生れることも容認してよいことになる。

その考えをもっとも過激な形であらわしているのが添削である。ヨーロッパの近代芸術では添削の慣習をもっていないが、わが国の短歌・俳句においては、現在も添削はさかんに行われている。一部に反撥が見られはするものの、これがとにもかくにも続いているのは、そこからすぐれた作品が生れる現実があるからに違いない。

作者以上の力をもった人間の存在を前提とし、原稿よりすぐれたコピーの可能性を信じる添削は、作者の絶対性、原稿至上主義を奉じる文献学にとっては許しがたい冒瀆と見られるであろう。しかし、添削の思想を頭から否定してしまったところに、近代文学の硬直した非創造性の根があるように思われる。推敲、そして、添削を承認するならば、当然の帰結として積極的なコピーを考えなくてはならなくなる。近代文学が推敲は認めても、添削を否定しているために、コピーについての思考も欠落せざるを得なくなった。

＊

さきに近代文学では添削の慣習はないとのべたが、まったく例外がないわけではない。

T・S・エリオットの『荒地』は英語で書かれた二十世紀のもっとも有名な詩であろうが、作者の手を離れるときに現在の形をしていたのではなかった。長さもずっと長く、題名からして、まったく別のものがついていたのである。それにエズラ・パウンドが思い切った添削を加えてできたのが、いまわれわれの知っている『荒地』である。パウンドの手によって、原稿のパーソナルな部分が削り取られて、普遍化された。そのために象徴的意味が豊かになったわけだが、それは主として添削者の手柄である。

エリオットもそれを胆に銘じていたに違いない。ほとんどパウンドの言う通りに従って作品は発表され、異常な反響を呼んだ。おもしろいのは、エリオットの原稿がどうなったかということである。

作者自身、原稿は紛失してわからなくなってしまったと言っていた。そして、生前にはとうとう発見されなかった。亡くなって数年してアメリカの銀行家の、やはり亡くなったあとの整理をしていた人たちによって発見された。この銀行家はエリオットの友人だから原稿の保管を託されたものと見られる。数十年ぶりに原稿があらわれて、エズラ・パウンドの添削の実際も見ることができることになった。

『荒地』の例は、近代芸術においても添削がときとして大きな役割を果しうることをまざまざと見せてくれる。推敲には限界がある。自分の体の手術をする外科医は勇気のある人だ。作者にしても自作を切りきざむのは忍びないだろう。そこへゆくと第三者は、必要ならば、どんな大胆なことでもやってのける。もし大手術が必要なら他人をわずらわすほかない。コピーも第三者による方がすぐれた結果を生むことがすくなくない。このことは作者、原稿の尊重とすこしも矛盾することではない。

それにしても、なぜ『荒地』の原稿が長年紛失していたのであろうか。意地悪く考えれば、添削されたコピーの成功を見て、作者は、これがもとの形だと原稿を白日のもとにさらすのが忍びなくなり、故意に隠した、という解釈も成り立つ。しかし、エリオットがはっきり意識しないでやったことが、たまたま紛失というような結果になったとも考えられる。

というのは、コピーの力学ともいうべきものがあって、新しい強力なコピーが出現すると、それに先行するコピーは排除される傾向にあるからだ。新しいコピーができると、外的事情がなくとも古いコピーは湮滅に向って後退して行く。放っておいても影が薄くなるのである。エリオットの原稿もそういう必然の運命をたどっていたのが、偶然のきっかけで復活したまでである。本来ならば消えてなくなってよかった。作品とはそういうものである。好むと好まざるとにかかわらず、この力学は作用する。

こういう意識的添削のほかに、読者による無意識の添削がある。それによって新しいコピー、ないしはコピー群が生れると、それまでのコピーあるいはコピー群は排除される。それが、作品の生命の消長に結びつくことも稀ではあるまい。読者の無自覚的添削によって作品は古典化の過程を歩まされるのである。

＊

コピーはテクストの上につぎつぎに積み重ねられてゆく。原稿だけで世に行わる作品というものはない。すぐれていればいるほど多くのコピーが生れる。すべてのコピーが同一ということもあり得ない。新しくあらわれるコピーは何らかの必然性をおびているもので、それがみずからの力によって先行コピーを排除しようとするものであることはすでにのべた。コピーの集積が作品の年輪を大きくしてゆくのであって、原稿から遠ざかれば遠ざかるほどそのコピーを堕落したものだと決めつけるのは妥当ではない。コピーを否定すれば作品の生命もないことになる。古典と言われるほどの作品がいずれも豊かな異本群をもっているのは偶然ではなく、それは作品の生命力のたくましさの証左というべきである。

目に見えるテクストのコピーのほかに、目には見えないコピーも重要な意義をもっている。印刷本の場合、写本のようにテクストの字句を改めるといったコピーをつくるのは容易ではない。そのかわり、理解や解釈で作品の新しいイメージをとらえるという形でのコピーをつくる。われわれはめいめい自分のコピーをもたずに表現を理解することはできない。そのコピーがきわめて強力である場合、外形にあらわれる異本を生むようになるかもしれないが、大多数の無自覚的コピーは感想、批評、解釈などの次元に留まるのが普通である。しかし、テクストとしてのコピーと解釈現象としてのコピーが同じ根をもっていることは没却されてはならないであろう。

外界のものが人間の頭を通過すればそこに必ず何らかの変化がおこる。入るときと、出るときがまったく同じであれば、その人間は人間として生きていないことになる。人間の人間らしさは新しいコピーをつくることにあるのであって、それは自覚していないことの方が多いが、とにかく、人間は原形をそのまま伝承するには適していない。人間はそういう意味でのコピー作成の機構である。同じコピーをつくるのでもたんなる複写機ではない。そのことは複製技術の発達によってすこしずつはっきりしてきた。

われわれは事実尊重の歴史主義に影響されているから、作品についても、もっとも事実に近い原稿を至上のものとして重視する。解釈という空気のようなものは、付属的なものと考えがちである。しかし、作者が作品を書き、その原稿が残っているということが歴史的事実として、いついかなる場合にも通用するかどうかは疑問である。すくなくともそれを事実であると認定する第三者が必要である。つまり、歴史的事件である作品についてのコピーができてはじめて、作者、執筆、原稿が客観的事実になる。作者だけがどれほど傑作だと力んでみたところで、それがそのまま古典になるわけのものではない。作者の手もとで古典になった作品はかつてなかった。

古典はコピーが収斂してつくった結晶である。歴史は歴史家の解釈した事実によってつくられるもので、事実そのものではないという見方もあらわれている（E・H・カー『歴史とは何か』、一九六二刊）。歴史もまた過去の現実に対するコピーだということである。そして歴史家の数だけのコピーがあるから、歴史は永久に変貌をつづけなくてはならない。

かつて文学は歴史の命ずるところに従ってコピーを否定して源泉のみを追求した。その歴史自体が変化し、変化するコピーの思想をとり入れ始めている以上、文学においてもコピーの積極的承認は必然でなければならない。

異本の収斂

自然があってそれを写す芸術が生れる。美しい風景があるからこそ美しい山水画が描かれる。そういう考えが一般であるが、オスカー・ワイルドは逆のことを主張した。彼に言わせると、「芸術は自然にその当然あるべき場所を教えてやるための、われわれのたくましい抗議であり、われわれの雄々しい試みなんだ。自然に無限の多様性があるなどということは、まったくの神話だよ。多様性は自然自身の中には発見されない。それは自然を眺める人間の想像力、または空想力、あるいは教育のある盲目の中にあるものなのだ」（吉田正俊訳『虚言の衰退』）となる。自然に中心を置かないで、人間とその芸術が先行することを認める。自然は芸術に教わって美しくなる。はじめから美しいのではない。美しいと感じる人間がいて、はじめて美しい。自然の美は存在するものではなくて、人間によって発見されるもの、創り上げられるもの、ということになる。美のメタフィジックスである。

木の葉は緑である、とわれわれは思っているが、ものそのものは緑ではなく、人間の目にそう見えるだけだ。そういうことを知らされたとき、だれしも、新しい知的世界を垣間見たように思う。それにも似た驚きを、このワイルドの逆説は誘う。人間中心か、自然中心か、という問題ではなく、感覚でとらえられた特件をそのまま対象の属性に帰するかどうか、ということにかかわる。

緑に見えるものは緑にきまっている。ものそのものが緑だからこそそう見えるのだ、と信じて疑わないでいられる間は幸福である。あるいは不幸である。緑は見る人間が創り出したもの、ごく広い意味での人為、つまり、アートであると言われると、ものみな主観に色づけされた現象のように思われてくる。が、しかし、それは当らない。

円い石がある。四角の紙がある。長さ五メートルのひもがある。こういう場合の、形や長さは、人間の知覚から独立した特性である。もっとも、五メートルという長さは人間の考えた約束であって、自然にそういう尺度があるわけではないが、それを言うのなら、円も四角も同じことである。それはとにかく、こういう属性を石や紙やひもが具えていると考えることはできる。木の葉の緑とは違う。

哲学者は、形状など対象に帰属させることのできる性質を第一属性（プライマリ・クォリティ）と呼び、色彩など見る者によって与えられる、さきの木の葉の緑のようなのを第二属性（セコンダリ・クォリティ）と言う。ワイルドが、自然が美しいのは、人間が、人間の芸術が教えてやったからである、と考えるのは、この第二属性の範疇における認識のようにも見えるが、自然美と物体の色彩とを同一次元に置くのは、やはり無理であろう。

木の葉も色盲の人には緑に見えないが、まず、ほとんどすべての人間がこれに均一な反応をする。それだからこそ、緑が木の葉に内在するように感じもするのである。Aところが、景色を見て美しいと感じるかどうか、はより多く個人差に左右される。Aにとって絶景であるものが、Bにとってはまことに通俗的なものと見えるかもしれない。それでもなお、百人百様の見方をしているのでないことは、世に名勝の地ともてはやされるものが公認されていることでもわかる。

自然を美しいと見るときのその「美」は、第一、第二属性に対して、第三属性（ターシャリ・クォリティ）とも言うべきものになる。人間的要素の参加もそれだけ大きい。ワイルドの考えは、自然美を、第一属性でないのはもちろんのこととして、第二属性でもなく、第三属性、人間の解釈の産物であるとしていることになる。さらに、ここで興味があるのは、自然が先行して芸術がこれを模倣するという通念に対して、逆に芸術が先行して自然がこれを模倣するという一見主客の転倒と思われる思考である。

＊

自然が芸術を生むと考えるのが常識であるように、文学においても、一般には先行するものほど権威があるように考えられて、原稿至上主義が生れる。作者の原稿どおりのテクストがもっとも正しいものとなる。あとあとになって、原稿から離れる本文があらわれると、その逸脱の度合に比例して乱れの大きい、価値の低いものと扱われる。先行テクストは後続のものを規制するが、逆に後続の異本が先行する形式に影響を及ぼすことはありえないように考えている。

ところが、実際には、このありえないはずのことが、ときどきは起っている。もとのテクストに異本が逆影響を及ぼすことがすくなくない。たとえば、演劇において、上演にあたって新工夫が加わり、それが観客に受けると、つぎからは、それが正統的なものと考えられるようになる。こういうことがくりかえされていると、原形は消滅していつしか異形が典型となり、原形以上に大きな権威をもつようになる。

異本は原形の乱れたものではなくて、典型を生み出すために欠かすことのできない胎動ということになる。原形がただちに典型となるのではなく、異本を経てはじめて典型があらわれる。典型は、解釈、あるいは、誤解、あるいは、変形の収斂したもので、したがって、原形と完全に重なり合うことはまずないと言ってよい。

一般に表現のテクストははじめは単一である。同時に複数の本文のできるわけがない。しかし、すぐれた価値をもつものなら、やがて異本が生じるのも必然的である。これが原本と比べてすぐれているか、劣っているかは場合によって定まることで、一概にはきめられない。

実際は、すぐれたものと感じられる異本があらわれると、これは典型に通じるものとして肯定される。そして、原形に逆作用してそれを変形しようとする。もし、それが困難ならば解釈の枠を変えようとするであろう。芸術が自然に向って美しくあることを教えるのに似ている。

異本にはもっと激しい機能が秘められているように思われる。異本が先行して、原形を変えようとする一環として、原形がいちじるしく異本と抵触するときは、異本はあえてこれを抹殺することすら辞さない。印刷されたものは物理的に完全に湮滅させるのは困難なために、このことがはっきりしないけれども、口誦文芸の世界では、有力な異本はつねに原形を排除しようとして、実際にそれを抹消してしまっていることが多い。原形がなくなれば、異本が新しい原形である。これをくり返していて、ついに典型になる。一度典型となったものに対しては後続の異本はなすところがすくない。

こうした本末転倒と考えられることは、原本と異本の間にだけ起っているのではない。言葉について、名詞が基本で形容詞はそれに派生語尾をつけてつくるように考えられている。名詞が先にあって、それから形容詞があらわれるのだとされる。ところが、そうとばかり限らないのである。各語の初出年代をはっきりさせているイギリスの『オックスフォード英語辞典』によると、形容詞の方がさきにあらわれ、それに相当する名詞はそのあとから生れている例がいくつも発見される。

たとえば、「有史以前」(prehistoric) という形容詞は一八五一年の初出だが、名詞形 (prehistory) は二十年後の一八七一年でないと英語として登録されない。つまり、存在しなかったのである。「古典（主義）的」（classic）の初出は一七四四年だが、名詞の「古典主義」（classicism）の初出は一八三〇年である。

こういう例は、派生的なものから原形が決定されることが、人間の知的活動では知らず知らずにかなり広く行われているのではないかということを想像させる。異本が原形を修正して新しい典型をつくることはかならずしもたんなる前後転倒ではない。そのはずみで異本が原形を抹殺することもしばしば起っているに違いない。古い時代の文学で原形のままで残っているものがほとんどなく、たいていがかなり年代の降った異本によって伝えられていることは、それを物語っている何よりの証拠ではあるまいか。

*

発表当時はまるで問題にされなかった作品が三十年、五十年後には古典として扱われるようになることがすくなくない。その反面、あらわれると、たちまち話題作になり、一世を風靡したのに、いつとはなしに忘れられて、十年もすれば完全に葬り去られるといった作品もある。それが作品の運命である、といった言い方もできるが、すこし細かく考えると、時間と空間が作品に及ぼす作用の結果が評価の消長という形をとるのだと解することもできるようになる。作品という表現が、時間、すなわち歴史的世界と、空間、すなわち社会的世界を移動して行くとき、この二つの世界に対してまったく何の影響も与えないということはない。そのかわり、二つの世界もまったく死んだ空白なのではなく、作品に対して目に見えない作用を及ぼす。作品は好むと好まざるとにかかわらず、それを受けて、すこしずつ変貌する。評価の変遷はその一部のあらわれである。

作品が印刷されているとき、テクストの本文はたやすく改変されることがないから、時間と空間の作用は本文の変化にあらわれるのでなく、その作品を見る視点や解釈の枠組みに及び、それを通じての変化をおこす。時間と空間はもちろん物理的存在ではなく、背後にはつねに人間が控えている。ただ、その人間が作者のように特定の個人ではなく、不特定多数の集団である。そういう社会的現象をここでは仮に、時間と空間と呼んだ。

コピー、すなわち異本は、この時間と空間が生み出すものである。しかも、コピーがまったく無機的、機械的なコピーならともかく、人間的なコピーであれば、必ず原形とは違ったものになるはずである。原形からの時間的、空間的距離が大きくなればなるほど、それに比例して、異本との差異も大きくなる。文学史上の古い作品はかなり大きな異同をもつ異本群にかこまれているのが普通である。

逆に言えば、作品はそのままの形では生き残れないということである。書物の形をしている作品が後世に伝えられる場合、外形的にはもとのままのものが存続しているように見えるが、それをとりまく社会や歴史の条件が変っている。読者が変化してしまえば、同じ本が同じように読まれない。目に見えない異本になっている。

口誦文芸の時代には形に見えない異本になる必要がなかった。異本はほとんどすべてはっきり形にあらわれたからである。異本をつくる力のない原形には亡佚《ぼういつ》の運命が待っている。異本は作品の生命力のあかしである。文字を用いるようになって、この異本の自由な発動が抑えられるようになり、さらに印刷が一般的になって、異本は目の敵にされるに至った。

テクストの改変、存否にかかわる異本化のエネルギーは表面から姿を消して、作品の解釈、批判の形をとる。新しい角度から作品をながめると、従来とはまったく違った意味が浮び上る。ときとしては、この方が、本文の一部を改修するいわゆる異本よりもはるかにはげしい異本でありうる。近代文学では、異本の概念をもっと拡大して考える必要がある。本文の異同にあらわれる形式的異本のほかに、本文はそのままながら解釈方法が変化して生み出す内質的異本のあることに注意しなくてはならない。形式的異本は望ましくないものとして否定されているが、現代においても内質的異本まで否定されているわけではない。もしこれをしも排除するならば、作品は物理的存在に還化されてしまうであろう。くりかえしになるが、作品が人間の心の中で生き続けて行くには、広義の異本によるほかはない。時間と空間の作用を受けると作品は変化する。それを立証するのが異本であって、本文の変化をともなわない、解釈による内質的異本の多くなっている現在においても、異本は作品の生命の客観的相関物である。

解釈を統制して、ひとつの表現にはひとつの〝正解〟しかないように考えるのは、形式的異本を否定する思想が内質的異本にまで及んでいることを示すものである。この〝正解〟主義は作品を尊重しているようで、実はその生命力を弱めていることがすくなくない。

作品の原形のみを認めて、それ以外のものはすべて不純物として斥けようとする絶対的な考え方は、表現の自然の生々発展の姿を覆い、ひいては文学に関して誤った思考を育てやすい。〝正解〟というものはない。あるのは、妥当ないくつもの解釈であって、その多義性を許さぬような表現は表現の名にも値いしない。すくなくとも、すぐれた作品の資格に欠ける。

ひとつひとつの作品は孤立して生れるかもしれないが、時間と空間の中を移動して行く過程で、さまざまな異本を発生させる。これまでは、異本はいけないものとして、すべてこれを剝奪し、原形のみ価値があるように考えてきた。文学研究がとかく死文字になりやすい理由であろう。書かれた時点から相当時間もたち、距離も遠くなっているというような作品像は、原形と、それまでにあらわれたそれをとりまくすべての異本群を包括したものとする方が現実的である。もちろん異本の中には価値の乏しいものも含まれるに違いない。それを認めた上でなお、異本を排除して作品を考えることは適当でないように思われる。

＊

異本を承認していたら、どれが正しいテクストか、わからなくなってしまう。〝正解〟のほかの異本的解釈を容れていれば、作品をどう理解すべきかの基準が失われて、おそるべき混乱におちいってしまう。これまでの文学研究はそれを心配した。正しくないもの、乱れ、後人の解釈は注意ぶかく刈り取られて、裸形の作品が研究者の対象とされた。異本群は無視、敬遠するのがいちばん安全である。それを相手にしだしたら収拾すべからざることになって、作品は崩壊、霧消するかもしれない、と見るのである。

これは、人間の認識、理解についての誤った考え方を示しているように思われる。われわれはどれほど対象のあるがままを正しく理解しようとしても、なお、個人的偏差、色づけを免れることはできない。〝誤解〟のない理解はない。いわゆる誤解となるか、いわゆるおもしろい解釈となるかは、質的差違ではなく、程度の差に過ぎないのである。

表現を十人の人が理解すれば、とくに個性的な解釈を施そうという意図がなくとも、結果は十通りに違う異形、異本になる。百人なら百通りである。その調子で行くならば、原形は跡かたもなくなり、どれが正しいのかわからない読者の数だけの異本がひしめく。これが混乱でなくて何であろう、悪い相対主義に陥る、と警戒されるのである。

実際にはそんな事態になることは稀である。いかにも諸説紛々としているようであっても、まったく均質に諸説が分散しているのはない。よくみると、濃淡があって、おのずから中心部と周辺部との区別はつくのが普通である。十人十色が百人百色になるあたりまではたしかに異本群の収拾は難しいように見えるであろうが、そこで退散しないで、さらに多くの異本群に注目するならば、新しい傾向が認められるようになる。はじめは、異本の数に比例して拡散の範囲も大きくなっているが、やがてある点に達すると、それ以上は、逆に異本が多くなればなるほどかえって焦点がはっきりしてくる。異本群が収斂をはじめるのである。

このことはすこしも目新しいことではなく、文学史の評価などもその記録以外の何ものでもない。原形から異形が派生し、これが充分厚く堆積されると、その中から典型が醸成される。もし、異本が収斂を示さないで、いたずらに拡散を続けるようなら、それは典型、すなわち古典たりえず、ついには消滅の宿命にある作品である。

異形から典型へのプローセスを、もうすこし具体的な形で示しているのが、単語の意味である。言葉はすべて人間の造ったもので、自然に生れたものはひとつもない。

はじめにある原形が発生するが、その意味はまだ、くらげなして、ただよえる状態にある。それを使う人もだれひとりとして厳密に同じ意味で使ってはいない。異形はどんどんふえつづける。勝手な意味づけがまかり通るように見えるかもしれない。そのため何のことかわからなくなって消える言葉もあろう。しかし、異形が典型的な意味に結晶することもすくなくないのである。いま辞書が収録している語義はそのようにして生れたものと考えてよい。古い時代には、辞書も文法書も存在しない。それでいて、原形は異形を生み、異形は典型に収斂して行った、そのあとをしっかり留めているのかもしれない。むしろ、辞書も文法書も存在しなかったからこそ、この展開がはっきりしているのかもしれない。なまじ、印刷という形式が、原形を固定化させるために、異本化作用が表面にあらわれなくなった。作品をめぐっても、単語が辞書的語義を確立するまでの変遷にほぼ相当することが起っていると考えることは、あながち不当ではあるまい。

ひとたび確立すれば、典型は、異形はもちろん、原形にも先行する。それは辞書的意味が、それを生み出す前提となった語法を正すのにも見られる。作品に対して古典として解釈が定立すると、それまでのもろもろの異本的解釈が影響を受けるのは当然であるが、さらに、原形そのものを目に見えない力で変形させようとする。後から生れたものが先行するものに逆作用する例である。読者が作者を規制する。

＊

作者は原形を造る。これに異形を付加するのが、広義の読者である。

作者には自然と人間を題材として思うがままに芸術、思想という〝異本〟を生む自由が与えられている。それに対して、読者には、作品から自由に異本を読みとる自由が公認されていない。実際に見られる、本文における異本、解釈、鑑賞などの異形はいわば庶子である。表現の自由は作者側の思想であって、読者には自由はない。それが近代文学である。

作者、著者の自由は活字印刷によってゆるぎないものにされた反面、読者の異本化活動の自由は、それ以前に比べてきわめて大きな制約のもとに喘ぐことになってしまった。文学研究の方法も作者中心の考え方、原形至上の視点に立つ文献学的方法が正統的なものとされる。異本を肯定するのは読者の視点で、文献学に対比される異本論がほとんど顧みられないままになっているのは、文学研究で読者の方法が欠落している何よりの証拠である。

これまで文献学の方法が文学研究に与えたものははかり知れないほど大きいが、それを相補するものを欠いていたために、文学研究そのものがきわめて無味乾燥な作業であるかのような印象を呈しがちであった。作品が原形から典型へ展開して行く動的生命の実際は、原形しか認めない文献学ではとらえられない。読者の異本化作用の究極における姿が古典なのである。

文献学ではその古典がいかにして成立するかの説明が困難である。作品の価値決定に立会うことができない。評価の定まった歴史的作品に対しては有効に働いても、これからどうなるか、海のものとも山のものともわからないような作品には手も足も出ない。そして、古典になるかどうか、歴史的価値をもつかどうかを決するのは、つねに読者の方法、異本論である。ふたたび言う。いかなる作品も作者の手もとで古典になることはできない。

ノイズ

話はかならずといってよいほど誤って伝わる。電話で聞いたことが、とんでもない間違いをおこす。十七日の会だというから、会場へ行ってみると、その気配がない。きいてみると、何とその会なら十一日に済んでいた、といった笑い話もある。

笑えないのは、話したことが、本人の思ってもみなかった形で活字になる場合で、だから、談話の取材には決して応じない、を建前にしている人もすくなくない。もっとも、なかには都合のいいところだけをつまみ食いして、勝手な記事をこしらえる新聞記者もあるらしく、もちろん、それは例外だが、誤報になる点では、一般の誤伝と変るところがない。われわれには相手の言葉を忠実に伝える能力が欠けているのではあるまいか。「誤りは人の常、寛恕は神の道」という句があるが、表現の伝達においても変形、歪曲ということから免れるのは難しいようだ。

昔の軍隊で逓伝の訓練をした。幾つかの中継点を経由して、目的のところへ情報を伝えるのが逓伝である。同じ方向へ進んでいる二つの部隊AとBとの間で情報の交換をしようとするときなどに、この方法がとられた。いまならトランシーバーがあって、何でもないところだが、昔はそうはいかないから、A隊とB隊の間に声の聞える範囲で二人ずつの中継点をおいて進む。A隊がB隊に伝えたいことがあると、AからBへ向って口伝えに情報を送る。B隊が伝えるのはその逆になる。

兵隊ごっこではないから、いい加減なことをするのは許されない。それなのに、情報が変ったり、欠落部分を生じたりする。正確に正確にとつとめてもなお誤りがおこる。だから訓練の要があったのである。

さて、文学的表現を読者の方法によって、作者から、作品を経て、読者を終点とする逓伝のような情報の移動だと考えるならば、逓伝におこると同じような誤伝が生じていると考えるのが自然である。メッセイジが移動するのだから、コミュニケイションである。活字になった表現、たとえば、本は表現であるけれども、それだけで自律自足するのではない。読者に触れてはじめて表現は表現としての機能を発揮し始める。

文学的表現は物件ではなくて、現象である。書いた人から読む人へ、ある記号表現が移るプロセスにその生命が宿る。同じ表現が人によってまったく違った意味をもつのもそのためである。ひとつの作品が作者の同時代で受けたのとは、まるで異なった評価を後世受けることになるのも同じ事情による。何百年前の作品がもとの形で残っていたとしても、作品のもつ意味が大きく変化している以上、完全に同じ作品だと言えない。〝物〟としての作品は同じであっても、それがただちに作品が不変であるとは言えない。作品の生命は現象だからである。

われわれは物件としての作品と現象としての作品を区別する必要がある。人間にとって意味をもつのは、そして、歴史を形成するのは、現象としての作品である。これまでは、あまりにも物件としての作品に重点がおかれすぎたように思われる。物件としての表現は、いわば、刺戟である。それが読者にどのような反応を生じるか。刺戟と反応の全体をひっくるめて表現という現象が成立する。刺戟だけを独立につついてみても、刺戟そのものの性格すらはっきりさせることは困難であろう。反応があってこその刺戟である。

現象としての作品は、反応を生じる受容者によって無限に変貌する。それでは作品の意味は定立しなくなってしまう。そういった相対主義は危険である、と正統的文献学者は目を三角にする。

しかし、それほど心配する必要はないのである。反応はさまざまであっても収斂すべきところへおのずから収斂する。前章にのべたように、単語の意味などもそうで、語形は刺戟である。それを無数の人間が無限に多様なコンテクストにおいて使用する。物件として考えればとっくに崩壊してしまうところだが、語の意味もまた現象であって、この過程において、おのずから落着くべきところへ落着く。語義は自然に固まって、ついには辞書の収録するまでになるのである。

そういう単語によって綴られている表現、作品もやはり、現象として考えられるべきで、表現の意味は無限に多様な変奏の中から必然的に生れる基本のことである。しかし、文学がコミュニケイションであることをわれわれはとかく忘れる。

＊

表現理解をコミュニケイションと考えようとするならば、コミュニケイションにおいて情報の移動はどのようになっているかを見る必要がある。

情報工学における機構は大体次頁の図のようなものであるとされる。まず、はじめにソース（source）があって、ここからメッセイジ（message）が出る。これがトランスミッター（transmitter送信装置）によって送られる。この部分がエンコーディング（encoding記号化過程）である。それがレシーヴァー（receiver受信装置）にかかって、記号がもとの形に復元され、デスティネーション（destination受け手）に達する。この後半の部分がディコーディング（decoding読解過程）になる。

コミュニケイション・エンジニアリングは電話を基本に考えている。右の関係を電話にあてはめてみると、ソースは電話をかける人、トランスミッターは送話器で、中間に電話線があって、メッセイジは受話器に届く。それを、デスティネーションである電話を受ける人が聞く。

中間のところにあるノイズ（noise）というのは、メッセイジの伝達を妨げる雑音である。電話がコミュニケイション・エンジニアリングのきっかけになったのもこのノイズであったと言ってよい。どうして電話の聞き間違いがおこるのか。対面の会話では考えられない誤りがおこるのは何故か、というような疑問解明がそもそもの課題で

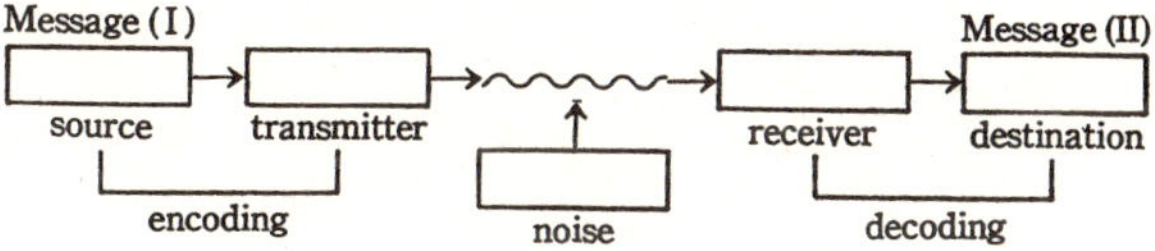

あったとされる。当然、ノイズが大きな意味をもつことになった。
それにともなう帰結としてきわめて重要なのは、送り手の考えていたメッセイジ（M_1）は、そのまますこしも変化しないで受け手に伝わるのではない、という命題である。受け手のところに届くメッセイジ（M_2）はつねに送り手のメッセイジ（M_1）とは異なるというのである。これはコミュニケイション・エンジニアリングが表現の伝達を考えるものに対して示しているもっとも注目すべきヒントである。
機械的手段による伝達においても、メッセイジの変容が不可避であるところがおもしろい。そして機械的コミュニケイションに見られる現象は、日常、人と人との間で行われているコミュニケイションにおこっていることをはっきりした形にあらわし、あるいは、拡大して示現していると考えられる。

＊

どうして、送り手のメッセイジはそのまま受け手に伝わらないのか。

途中にノイズが介入するからである。

電話のノイズは文字通りの雑音である。そのほかに、いわゆる「電話が遠い」といわれるようなことも一種のノイズと考えてよいであろう。機械的コミュニケイションではノイズは敵であるから、なるべくこれをなくするようにしなくてはならないが、それでも皆無にするのは難しい。

仮にノイズをゼロにしても、なお、M_1はM_2と等しくならない。M_1とM_2とが違うというのはコミュニケイションという現象の存在を証明するもので、これなくしてはコミュニケイションもあり得なくなる。

〝十一日の会合〟というメッセイジが、どこかで〝十七日の会合〟に化けるのではない。ノイズが干渉して、〝十一日の会合〟という音声の一部が欠損する。イチかシチかがよくわからない形で伝わってくる。われわれははっきりしないものに遭遇すると、これを合理化しようとする。欠落したものに触れると、補償して過不足のないものにしようという作用が働く。それで、十一日か十七日かよくわからないものを、十七日と解釈し、それで満足した。聞き違いだとわかってびっくりするのは、自分の解釈が誤りうるものであることを予想していない証拠である。

人間のこの補償作用は、欠けた部分を埋め合わせるときだけにあらわれるのではない。逆に不必要なものがあれば、それを棄却するときにも発動される。

たとえば、ひどい騒音の中で会話が行われるとする。電車のモーターの音、車輪とレールの摩擦音などで相手の声はかき消されがちになるが、それでも何とか意思の疎通をする。ところが、それをテープレコーダーで録音してみると、会話は騒音に妨げられて、ほとんど聞きとれない。

人間の耳は、テープレコーダーのように、すべてのものを平等に記録するのではない。不要なものを抑え、必要なものを選び出して聞いているのである。つまり、選択的であることがはっきりしている。

補聴器があまり愉快でなく、疲れるからといって使用するのを嫌がる人が多いのも、耳と違って、補聴器が選択的でなく、すべての音を一様に増幅してしまうためであろう。

テープレコーダーとか補聴器のような機械があらわれてはじめて、われわれの耳が機械的な受信を行なっているのではないことがはっきりするようになった。不明瞭なものははっきりさせ、欠けたものは補い、不必要なものは抑制したり、切り捨てたりしている。そのことを機械が教えてくれる。

＊

コミュニケイション・エンジニアリングは機械を主とした伝達であるが、そこに認められる現象は、人間を主体とするヒューマン・コミュニケイションにも、ほぼ当てはまるとしてよかろう。

日常何気なく行なっている言語活動は、さきに掲げたコミュニケイション・エンジニアリングのパターンに翻訳できる。ソースは、話者（筆者）であり、トランスミッターは、発声器官（書記能力）である。レシーヴァーは聴覚器官（読字能力）、デスティネーションは聴者（読者）ということになる。

面と向って話をしているときには電話のようなノイズなどあるわけがないように考えられやすいが、かならずしもそうではない。普通は気づかれないようなノイズが介入してくる。それればかりではなく、心理的ノイズともいうべきものも無視することができない。むしろ、この方が大きな働きをすることもある。聴者が話者とまったく違ったコンテクストに立っているとき、メッセイジはすらすらとは伝わってこないで、大きな変化をおこす。この変化を生じる影の存在を一種のノイズだと解することもできる。思想上対立している二人の話合いが誤解の連続のようになることが多いのも、相互にノイズの干渉を受ける結果であろう。

逆に意気投合した二人の会話もまたしばしば思いがけぬ誤解になる。やはり心理的なノイズの仕業で、ただ、前の対立関係にある人同士の場合とは違って、プラスに働いているだけである。共鳴は、メッセイジに心理的ノイズが相乗したときに見られる。送り手と受け手の親疎によって、コミュニケイションの難易度も定まってくる。ごく親しい人たち、たとえば家庭における家族間の会話などは、ノイズが少ない。よくわかるから、メッセイジは省略的な形をとることができる。

ところが、久しぶりに会った知合いと交通のはげしい街角で立話をするときは、家族団らんのようにはいかない。なるべくことこまかに、ていねいに話さなくてはいけない。それでも相手の声はともすれば消されがちになる。こういう話はすこし続けると、あとでへとへとに疲れる。理解のために活潑な補償活動をしなくてはならないからだと思われる。

送り手と受け手の距離はこういう物理的条件だけに規定されるのではない。心理的な距離が大きくものを言うこともある。久しぶりに会った知合いとの立話が疲れるのは、騒音の中でのコミュニケイションということもあるが、それに劣らず、相手との心理的距離が大きいためである。同じ屋根の下に生活していても、親子の考えが対立したりするときには、距離の大きなコミュニケイションとなって、容易に理解し合うことができない。

コミュニケイションに不可避のノイズに対する予防として、言葉には冗語性（リダンダンシー）が発達している。言語はいかなる場合にも必要にして充分なだけの表現をしているものではなくて、かならず必要条件の何倍もの情報を送っている。これだから、もし途中でノイズに消される部分があっても、ほかの部分でその肩替りができる。

戸外における会話は騒音にじゃまされることが多いから、大声で話したり、大事なことは念を押したりして、冗語性が大きい。それにひきかえ、室内の話合いは、それほど騒音の妨害もないから省略的にもの静かに話す。冗語性は小さくてよいのである。

一般に話し言葉に比べると、書き言葉は冗語性が小さい。ノイズによって欠けるおそれは文字の場合、声よりも小さいと考えられるからだ。話の方が、くりかえしが多かったり、説明的であったりするのが普通である。

同じ文章表現でも、相手を仲間と感じているか、心を許せない人間と見ているかによって、冗語性は違ってくる。法律の条文は〝人を見たら泥棒と思え〟という立場をとっているのかもしれない。はなはだ細かいことまで誤解されないように、二重三重に予防線をはりめぐらしている。冗語性はきわめて大きい。

友人に宛てる手紙にはそんな配慮はいらない。要点のみを書けばわかってくれるという信頼がある。省略的表現で冗語性は小さくなる。

文学的表現は、どちらかと言えば、六法全書的であるよりも、親しい人に宛てた手紙に近い。冗語性は小さいのが普通である。それでもわかるようになっているはずだが、なんらかの事情で、ノイズが大きくなると、それだけに、わかりにくいコミュニケイションになる。電話の聞き違いなどとは比較にならない大きな誤解が起る。

しかし、コミュニケイション・エンジニアリングも教えているように、伝達において、送り手のメッセイジと受け手のメッセイジはいついかなるときも、つねに同じではないのである。コミュニケイションで誤解は避けられない。誤解を否定すれば、コミュニケイション自体、成立しないことになる。文学的表現のコミュニケイションがきわめて大きな偏差をもった誤解を起すことがあるのは、決して異常なことではなく、むしろ、日常においては気づかずにいる問題が極限の状況において確認させられるにすぎない。文学的表現はヒューマン・コミュニケイションの内包するものをもっともわかりやすい形で示してくれると言うことができる。

*

ノイズは送り手と受け手の距離に比例して大きくなる。距離には、すでにのべたように物理的距離のほかに心理的距離もある。さらに物理的距離も、空間的と時間的とに分けられる。

ノイズが大きくなるにつれて表現はわかりにくくなるが、わかりにくいものが、ただちにつまらないと感じられるとは限らない。逆に、わかりにくくなると、かえって心をひかれることもある。近くにあるうちはさほどとも思わなかったものが、遠くに去ってしまい、あるいは、姿を消すと、急になつかしく思われ出す。

燈台もと暗し、とか、隣の花は赤い、または、夜目遠目笠の内、というような諺も、ノイズに消されかかったものが美しく、価値あるものと見える人情にふれている。ノイズによって情報が欠損すると、受け手の補償作用が働いて、欠けていると思われる部分が補填される。これは、ただ欠けたものをもとどおりにするのではない（そんなことはだれにもできるわけがない）。受け手が望ましいと思うものを導入することであって、創造的性格をもっている。それが、おもしろい、美しい、価値があると感じられる気持を誘起するのだろう。

創造的補償は誤解の一種で、誤解には、よくない誤解と美しき誤解とがある。古典となる作品は後世の読者に美しき誤解をおこさせ続けるし、一時騒がれても、すこしノイズが大きくなると、たちまちわからなくなって、つまらない誤解をおこすようなのは、歴史の試練に耐えられない作品である。

友人の書いた作品は、あまりに近くにあるという理由だけで正当に評価できないことがすくなくない。作者をまったく知らない読者が見ると、適当な距離があって、つまり、ノイズが大きいから、おもしろく読まれるのかもしれない。その国でさほどとも考えられない作品が外国の読者から高く評価され、それがきっかけで、同国人が見直すようになるという例も、これまでいくらでも起っている。

あまりにも近くにある表現はノイズが小さくて、はっきりした異本にならない。おもしろくない。それが、歴史的に時代が離れるとか、社会的事情が違うとかすると、ノイズが大きくなり、創造的補償が活撥に働いて、異本であることのはっきりした解釈が生れる。

コミュニケイション・エンジニアリングは、送り手のメッセイジM_1と受け手のメッセイジM_2とはつねに同じでない、とする。このM_2が唯一であるように考えるのは誤りで、これは受け手の数だけある。文学的表現においてM_1はテクストであり、M_2は異本、あるいは異本的解釈となる。異本（異本的解釈）は読者の数だけ存在するのだが、実際にテクストと並ぶような外形的異本はごくすくない。しかし、読者が頭の中に結ぶ作品像が作者の考えたものと違うという意味での異本ならば、コミュニケイションである限り、すべての読者がそれぞれにもっている。

これまでの文学研究では、M_1とM_2の誤差のみに着目した。そして、M_1だけを正しいとする立場に立っているから、誤差が大きくなればなるほど悪い異本と決めてしまう。これだと、送り手から距離の大きくなった受け手の理解は原理的に否認されなくてはならなくなってしまう。

M_1とM_2の誤差は、距離に比例するノイズの増大とともにコミュニケイションにとって必然である。表現のもつコミュニケイション上の機能、性格は、受け手が局外者となったところでもっともはっきりした形をとる。

古典的解釈、したがって、古典が可能になるのも、普遍的解釈、ひいては、普遍的美が成立するのも、きわめて大きな誤差を内包する異本によってである。

移り変り

外国で流行している思想などが紹介されると、ひとしきりは注目されるが、しばらくすると忘れるともなく忘れられて、ついには跡かたもなくなってしまう。そういうことをわれわれの社会はこれまで何度となく繰返してきた。えらそうに外国文化を摂取したなどと言うけれども、流行を模倣してひとときき大騒ぎをするに過ぎないのではないか。外国の文物をとり入れるのは、それほど容易なことではないのではあるまいか、と考えるようになる。

いったい、移動とはどういうことであろうか。

移動には三種類ある。まず、物体、無生物を動かす物理的移動がある。これは位置が変化するだけの、それだけに、もっとも純粋な移動であるということもできる。ヨーロッパの机を東洋へ運んできても、机は机である。変化は内部には及ばず、ほとんど無視してよい。

次の動物的移動になると、机を動かすようにはいかない。寒いところにいる動物を熱帯地方へつれてくれば、暑さにたえられなくて長く生きることはできない。机には環境の影響を考える必要がすくない。かりに影響があっても、机が机でなくなってしまうほどのことはまず起らない。それに比べると、動物は環境に左右されるところがはるかに大きく、極端な変化をともなう移動を敢行すれば、生命にもひびきかねない。

人間もこの動物的移動をしているわけで、昔から、場所の変ることにこまかい神経を使い、つつがないか、と問い、水が変るから気をつけよ、とその変化を警戒した。人間はすこしくらい居場所を変えても同じだと思いがちだが、四囲から受ける目に見えない作用はときとしてきわめて深刻である。病気に転地療養が有効であるのは、その逆の好ましき影響も期待できることを暗示している。

もっとも微妙なのは第三の植物的移動、普通に移植と言われるものである。松の木を、たとえ一メートルでも動かそうとすると、たいへんである。机なら一メートル動かすのは何でもない。動物でも問題は起らないが、松の木ではまったく事情が違う。簡単には動かない。

まず、根を掘り起し、適当に手当をして（これを根廻わしをするという。会議の下工作のことを根廻わしと言うを知って、原義を忘れる人多し。末世か）新しい場所に穴を掘ってそっと移す。移植には時期があって、むやみなときに動かせば、木は枯れてしまう。移す前に、枝などをすこしおろしておかなくてはならないこともある。机なら動かした直後から机として使うことができるけれども、移植した木はしばらくは半死半生の状態であるから、すぐもとの活力をとり戻すことは困難である。

花の咲く草木の場合、花をつけている最中に移植するのは常識ではない。また、なるべく小さなうちに動かした方がよく、あまり大木になってからの移植は枯れる危険が大きい。こうしてみると、もっとも有機的な移動は移植であるように思われる。

はじめにのべた外国文化の紹介、摂取という移動は、この三種のうちのどれに当るのであろうか。これまでは、文化の移動を、物理的移動、せいぜい動物的移動くらいに考えてきたのではないかと思われる。つまり、文化はほとんど変化なく移すことができるように錯覚していた。おもしろそうなものがあれば、ほかの事情はお構いなしに、もってくる。それでよいと考えていた。

実際には、しかし、文化の移動は植物的性格のもの、移植と考えるべきであろう。移せば枯れるかもしれないのである。海の向うで花を咲かせている木があるから、おもしろそうだから、というので、不用意に、机を買って来るようにもち込んでくれば、これは移植ではなくて、花を切ってもってくるのに過ぎない。切り花はたちまち散る。根がついたりすることはない。流行の文化思想は花ざかりの木のようなものである。たとえ、どんなに移したくても、移植の時期ではないことははっきりしている。花の散るのを待って、じっくり移す準備をすべきである。その程度のことなら素人園芸家でも心得ている。それを学者や思想家が無視していたために、外来文化は根なしの花としてしか伝来しなかったのである。

文化はいわば植物的生命をもっている。物体や動物を動かすよりも厄介なのである。移植ということはしばしば生命にかかわる危険をはらんでいる。移植の前と後とでは、ときとして大きく違った運命をたどる。

文学作品も文化現象のひとつである。その限りにおいて、移動は移植の性格をもっているが、書物の形をとっているために、物理的移動のように扱われやすい。外国の本を読んでわかるのは、輸入した机を使って気分がいい、というのとは本質的に違う。外国の作品が理解できるのは、かなりの時間を要するし、もとの国の読者の理解とはかなり異なったものであるのが普通である。

移植してまったく同じということがないと同じように、遠くで生れた表現を読み理解するのは、新しい生命を付与することである。変化させまいとしても変化させざるを得ない。

移動には、あるがままの姿、機能を保持しての移動と、内部的変質を予想する移植との二つの考え方がある。これまでは、前者をもって文化の移動に臨んでいたために、不毛な結果を招いたのではなかろうか。異本の概念はこの内部的変質をともなった移植を考えるところから生れる。

*

移植した樹木が当分の間、いかにも枯れたように見えるのは、新しい土壌へ適応するのに忙しくて、ほかの活動は停滞せざるを得ないからであろう。もし、この適合に失敗すれば、枯れてしまう。樹木にしてみれば、まさに生きるか死ぬかの境目というわけだ。移植は生やさしいことではない。表現や作品の移動もそれに似た危険をはらんでいるのだが、物の移動と考えられているために、見落されがちである。

移植とは植物が場所を変えることである。この水平空間の移動を時間の軸に転換しても、やはり一種の移植は考えられる。作品をその生れた場所から遠く離れたところで理解しようとするのが移植ならば、三十年、五十年後にこれを読むのは歴史的移植ともいうべきものである。

新しい時代は、新しい社会であり、新しい土壌である。前の時代に生れた作品が、生きのびるには、この新しい環境に順応しなくてはならない。もちろん読者の側でも、作品へ寄り添うようにして理解につとめはするが、作品がまったく不動不変でいいわけではない。新しい読者層の中へ移植されて必然的な変化を受ける。

植え変えたばかりの樹木がしばらくの間、勢いがないように、〝古くなった作品〟は新しい社会という土壌の中で生きるのに忙しく、ともすれば、読者から忘れられがちになる。

どれくらいの時間が経過すると歴史的移植が行なわれるのかは、いわゆる移植ほどはっきりしないが、大体、三十年もすれば、好むと好まざるとにかかわらず歴史上の移植が行われることになるようで、三十年を一世代（ジェネレーション）という単位名で呼ぶのは偶然ではあるまい。世代が変ると、作品をとりまく環境も大きく変化する。その変化は作品にとってしばしば破壊的作用をもっている。

文学史などが、新しい時代の作品についての判断を保留するとき、きまり文句のように、まだ、時の審判を受けていない、時のふるいにかかっていないから、はっきりしたことを言うことはできない、というせりふを使う。この審判、ふるいはきわめて厳しく、それを通過できるものがすくない。無言の時の選別を経たものなら、大体、普遍的な価値をもつと判断して大きな見当違いはない。そうなれば、文学史も安心してあげつらうことができる。

ところが、この審判を受ける以前の作品であると、その時点ではすぐれていると思われても、後世の人たちが否定してしまうようなことが起りかねない。史家としてはそれを警戒しなくてはならないから、慎重にならざるを得ないのである。

ここでいう時の審判、ふるいが歴史的移植である。移植はたんなる選別ではないから、審判とは性質が違うが、これまで、作品が〝物〟としてとらえられていて、〝生命〟と考えられなかったことをこれらの用語は垣間見せている。新しい読者に読まれると、古い作品は、わかりにくくなり、おもしろいと思われなくなる。一時は、さかんにもてはやされたものも、次第に注目されなくなってゆく。移植にともなう雌伏である。

そこで作品は冬眠状態に入る。外から見ると、死んでいるのか生きているのかわからない。歴史的移植は多くの場合、この冬眠から始まる。生命のつよい作品はやがて春を迎えて、新しい芽を吹くが、それはたんなる再生ではなくて、新しい生命の誕生である。こうして生れた生命によって、古典作品へ向って成長を始めるのである。はじめから古典的性格をもっているものが、そのまま古典として残るのではなくて、時間の軸における移植が行なわれて、別種の性格が付け加わり、生れ変ったものが古典となるのである。

さらに、冬眠に入ったものがすべて再生を迎えるのではない。それどころか、大部分はそのまま眠り続けて、ついに春にめぐりあうこともなくて終る。湮滅である。現在われわれの知っている歴史上の作品はこの湮滅を免れて生きのびたごく少数の例外だと考えてよい。植物の移植に比べても、歴史的移植ははるかに枯死が多いように思われる。ある文学表現がわかる、おもしろいということも、それが生れた場所と時代の枠の中だけであることが多く、その範囲を外れると、たちまち、わからなくなってしまう。冬眠をくぐり抜けて、新しい読者からも興味をもたれるようになったところで古典が誕生する。その新しいわかり方は、もとのわかり方と多少とも異質なものであるのが普通である。

作品は多く書物の形をしていて、書物には物理的移動ができる。時間的にも相当長期にわたって存続する。ただ、そのことを作品の生命と混同してはならない。〝物〟としての作品は長命であっても、〝現象〟としての作品は植物的な生命しかもっていなくて、すぐ枯死する。長く生きるには、冬眠を経て古典化しなくてはならない。もとのままでは生きられないのである。異本が古典的性格を帯びるときのみ、作品の生命は不滅になる。

＊

ここまでは作品を中心に移動を考えてきたが、作品と読者の関係からながめるとどうなるであろうか。

作品は同時代の読者をもっている。そういう読者は作品から直接語りかけられていると感じる。直接読者なのである。ところが、三十年、五十年経つと、もとの読者とはかなり違った新しい読者が生れる。この新読者は作品から直接に語りかけられているとは感じなくなる。作品とそれが向い合っているもとの読者の両方を見る第三者的立場にあることが多い。非当事者的読者である。

非当事者にとって当事者より理解が困難なのは当然である。そこで作品は冬眠に入らなくてはならなくなるのだが、わかりにくいだけならば、非当事者的理解にとりえはない。ところが、当事者とは違った新しい意味を発見することも可能で、それが実際に発見されたときに、作品の再生がおこり、古典として生れ変るのである。

非当事者的理解は、くだけた言い方をするならば、のぞき、立ち聞きの理解に近いものである。作品ともとの読者が対話をしている。それを外側からのぞき見ている、あるいは、立ち聞きしているとすると、もとの読者にはわかり切ったことでも、外側の非当事者の読者にはわからぬことがすくなくない。見当違いな理解もしやすいが、それだけでもない。

当事者読者にとってはさほどおもしろいとも思われないことが、第三者から見ると、まったく新しい興味をよびおこすことがある。だからこそ、のぞきや、立ち聞きが、よくないこととされながらも、絶えないわけである。わかりが悪いだけなら、わざわざそんな真似をするはずがないが、非当事者であるために、ほかでは味わえない格別なおもしろさが感じられ、それにひかれて、はしたないとされるのぞき、立ち聞きがしたくなる。

歴史的移植を受けた作品は、こののぞき、立ち聞きの対象として読者の前にあらわれる。もとの読者とは違った理解になるのは当然である。古典の意味はこうしてとらえられたおもしろさに裏付けされていることが多い。当事者としての読者の読みとる意味がそのまま古典と結びつくことはほとんどない。というのも、古典作品は、絶えず新しいのぞき、立ち聞きの読者に対応しなくてはならないから、もとの読者の理解を保持することが困難なのである。

もとの読者と新しい第三者的読者との違いをはっきり示しているのは、演劇である。演劇は舞台を客席から集団的にのぞき見する形式をとっている。舞台の上での約束の意味と客席での理解とでは次元が違う。客席と渾然融合した舞台などと言うけれども、両者はまったく別世界であるのははっきりしている。

舞台の上での悲劇は、客席の観客には悲劇のおもしろさとして受け取られる。現実に悲劇が起れば、おもしろがってながめてなどいられるわけがないが、芝居という建前があると、これを鑑賞することができる。アリストテレスが演劇の効果としてあげているカタルシスも、非当事者的理解のもつ心理的作用を言ったものであろう。

これをさらに一足進めた形で見せてくれるのが、演劇的《ドラマティック》アイロニーである。舞台の人物が、すでに起り、あるいは起ろうとしている悲劇的事件に気づかずに口にするせりふを、予め事態を知らされている観客の方でもっと深い別の意味にとるように仕向けられているときの劇作上の手法を、この名で呼ぶ。殺害の計画がととのっているところへ、血祭りにあげられる当人が何も知らずにやってきて言うせりふの中に、何気なく、虫の知らせがあるような言葉をはさむような場合、観客は、自分たちだけがこのアイロニーを独占したような気になって、おもしろさを自覚する。

ここでは、非当事者の方が多くの情報をもっていて、当事者の及ばないところまでわかるのであって、普通の、のぞきや立ち聞きとはすこし事情が違う。

古典の読者は、演劇的なアイロニーを味わう観客に似ている。もとの読者が知らなかったことを後世の読者はいろいろ知っている。そのために、もとの読者の経験しない興味を発見したように感じることができる。

逆に言えば、時間的、空間的に移植された作品は、こうした読者にとりかこまれることになる。もとの意味がそのまま伝わることはまずあり得ないと知るべきだろう。

＊

作品が意味をもち、読んでわかるのは、それをとりまく環境、具体的には読者の心理との間で対話が行われていることにほかならない。作品が呼びかけても読者が応じないとか、読者が働きかけても作品が答えないとかであれば、作品は、現象であることをやめて、物件になってしまう。

テクスト（作品・本文）とそれをとりまくコンテクスト（読者を含み表現をとりまくもろもろの組織）との間には相互補償の関係が認められる。テクストがはっきりしなくなってくると、コンテクストによって情報が補充され、言いかえると、色づけされて理解が成立する。また、そういうテクストは多少ともコンテクストに変化を与える。コンテクストを時代とか社会に限定しないで、表現を理解するときに作用するすべての要因を包含させるとき、作品の生命現象はもっともよくとらえられるように思われる。

と言っても、テクストは無原則にコンテクストの改変を受けるのではない。テクストには変動しうる可変部と、変化を許さぬ不変部とがある。コンテクストの作用に順応して変るのはこの可変部であって、もし、不変部を動かそうというような非当事者的理解があれば、作品の解体につながる。

可変部が変化してできる新しい表現は異本であるが、不変部が侵されて生れたものは、すでに別の表現である。いかなる作品も、不変部と可変部とをもっているが、それぞれの比率は同じではなく、可変部の豊かなものもあれば、不変部で固まったようなものもある。

可変部が小さければ、異本ができにくい。異本ができなければ、移植に成功しないということだから、古典になる可能性もそれだけ小さい。古典になるには、ゆったりした可変部をかかえている必要がある。

一般的に、諷刺文学が、後世になって読まれることがすくないのは、可変部の範囲が小さく、非当事者の読み込みを許さないからであろう。立ち聞きする人には見当がつきかねる。それに比べて、抒情詩は可変部がきわめて大きいから、コンテクストによって異本がいくらでもできる。だれが読んでも身にしみる。いつの時代になっても

〝古く〟ならない。

同じ演劇でも、喜劇は、悲劇よりも可変部が小さい。これは、笑いのテクストがもとのコンテクストとのデリケートな釣合いの上に成立しているためである。喜劇はピストルの弾のようなもので、近くでは威力を発揮するが、遠くまでは飛んで行かない、と言われるのも、移植に弱いことを示している。文学史上、古い時代の喜劇があまり残っていないのは、湮滅を免れなかった結果であるかもしれない。

可変部を変えるのは、読者のコンテクストによる補充である。わかりにくいと感ずる作品をわかろうとする努力は自己中心的な補充になる。読者がしっかりしたコンテクストに立っていないと異本をつくり出すこともできない。大人の読む作品を子供が読んでもわからないのは当然である。

われわれは、個人としても、時代、社会としても、それぞれコンテクストをもって生きている。他者を理解するのは、テクストをそのコンテクストの中に引き入れて、そこで結ばれる関係を基本にしたものになる。もとのテクストのままの理解ということを考えることはできない。これがもっとも大規模に行われているのは、外国語を自国語へ移す翻訳（トランスレーション）であろう。詩は、散文よりも形式的可変部が小さいために、しばしば、翻訳不能論が提出されるが、それでも、詩が理解されるときには広義の翻訳を受けている。翻訳が移植の異本であることは言うまでもあるまい。

外国語の表現だけでなく、自国の作品にしても、自分のコンテクストに引き入れて解釈する点においては翻訳的である。〝翻訳〟よりも〝トランスレート〟（移す）という語の力がここで言おうとしていることをよりよく伝えるように思われる。われわれはすべての他者を移して理解しているのであって、あるがままがわかることはあり得ない。規模は小さくても、それは翻訳にきわめて近いものである。そうだとするならば、テクストの意味が翻訳のたびに変動するのは避けられないことも納得されるに違いない。

異本ができてはじめて、作品は本当にわかったことになる。こういう内部翻訳にもとづく異本ははっきりした形をとらないが、それはときとして、新しいテクストをもった異本に結晶する。異本現象をそうした外形にあらわれたものだけに限定しないならば、すべての表現理解は、翻訳、異本と表裏一体をなしていることが承認される。

排除性

昔の文学作品はどうも隠れん坊が好きらしい。いったん姿を消して、数十年、ときには何百年もたってから、ひょっこり現われるのである。その間、どこをどう、うろついていたのかわからない。再び姿を現わすのは、もちろん元のままの形ではなく、異本である。

十一世紀のはじめに完成したと文学史の教える『源氏物語』にはもとの原稿に当るものがない。そればかりではなく同時代の写本すら残っていない。現存する最古の写本は十三世紀までしかさかのぼれない。二百年の間なぜ写本がないのか。だれでもそう考えるに違いない。そこでまた文学史は、都に大火兵乱がつづいて古くから伝わったものがことごとく焼失してしまった、と教えてくれる。いわゆる大火湮滅説である。のんきなわれわれは、なるほど、それは惜しいことをしたものだ、くらいにしか考えない。もし、本当に焼けてしまったのなら、後々になって写本が出てくるのはおかしい。焼けた本の写しを、だれがどうして作ることができたのかも不思議である。いずれにしても二百年の隠れん坊は長すぎる。

英文学の最古の叙事詩は『ベオウルフ』ということになっている。七世紀の作と伝えられる。ところが、現在見られるもっとも古いテクストは十一世紀のものであって、この隠れん坊の期間は四百年近い。

イギリスにも大火はあるが、古写本の散佚を火災のせいにしないのはおもしろい。大火はなくとも同じように隠れん坊はする。それればかりではない。七世紀のイギリスにはまだキリスト教は根付いていないから、この叙事詩も当然のことながら、キリスト教から見て異教の世界を表わしていたはずである。近世になってからはだれもももとの姿を見たものはないのでわからないが、そうなくてはならない道理ははっきりしている。しかるに、十一世紀の『ベオウルフ』はちゃんとキリスト教的になっているのである。

隠れん坊をしている間に、着ている着物をだれかに着替えさせられたのに違いない。これはかなり規模の大きな異本化である。『ベオウルフ』の場合には、はっきりした手掛りを残しているから異本化のはげしさの見当もつくようなものの、『源氏物語』などだと、どれくらい、もとの形と違った異本として隠れん坊から出てきているのか、後世のわれわれとしては、まるでわからない。古典を考えるとき、つねについてまわる問題である。

というのも、隠れん坊が一部の特別な作品に限らないからである。活字印刷による発表が普通になって以後のことは別として、古くは、たいていの作品が異本で残っていて、原稿、原形は姿を消している。古い作品だから散佚は当り前だなどという理屈はどこにもない。消えるには消えるだけの理由があるはずだ。文学はそれをあいまいにしてきた。歴史もあえてそこへ足を踏み入れようとしない。おかしなことである。

＊

よく、初めがいいのか、終りの方がつよいのか、という議論がある。最初の発言と最後の発言とを比べて、どちらが相手に有効に作用するか、という問題である。野球の試合で先攻と後攻のどちらが有利か、というのに外見上は似ているようだが、その実はまったく違っている。

新聞が誤報をする。それをあとで訂正しても、初めのニュースの方がはるかに強烈だから、読者はみんなそれを信じる。小さく出る訂正など目にも入らない。たとえ訂正を読んでも、さきの誤報を完全に払拭することはできない。墨で書いた文字を消しゴムで消そうとするようなものである。被害者は誤報に泣く。これは初めの言葉の方があとの言葉よりもはるかに強力である典型的な例であろう。

これにはもちろん訂正の仕方にも関係がある。誤報であろうと、記事にするときは、自信をもって報じているだろうから、堂々と書く。ところが、訂正はうしろめたい恥かしさがついてまわる。デカデカと訂正記事を出したりするところはない。お義理に訂正しているように見受けられるのがほとんどである。新聞、雑誌の誤報訂正はほとんど自己訂正によっているから、なまぬるくなるのであろう。

学説論争などだと、誤った発表をした学者、研究者の自己批判や自説撤回ということもないではないが、多くの場合、第三者による〝訂正〟要求の批判が加えられるから、新聞の訂正記事とは話が違ってくる。強力な批判が出てくれば、主張そのものがひっくりかえる。間違っていても早く言われたものの方がいつまでも残るということはほとんどおこらないのである。初めが強く、終り弱し、とは言えない。

これがもっとはっきりしているのは科学的真理の分野である。自然科学においては、今日の真理も明日は古くなるかもしれないし、誤りとされる可能性もある。近代科学は、新しい真理が、古い真理を否定、その上に立って、さらに次の新しい真理に否定される――こういう過程をくりかえしながら進歩してきた。後からあらわれるものによって誤りとされ得ることを承認しているのが科学的真理のもっとも大きな特色である。新しいものほどすぐれているという前提が暗々のうちに支持されているのだ。

討論に際して、初めに発言した方がいいか、終りに発言した人間の方が説得力が大きいかの問題にもどる。はじめの方が有効だという人は早いもの勝ちの原理を信じているし、終りにとどめを刺した方がいいと考える人は、最後に笑う人こそ真に笑うのだとする。

ここでは、新聞などの誤報とその訂正の間にみられるような先に言った方が勝ちという通則は成立しない。終りの発言がしばしば決定的な作用をもつからである。有終の美、をはじめ、終りの重要性を教える俚諺がすくなくないのも、この間の事情を暗示している。

何人かのグループがアイディアを出し合うブレイン・ストーミングにおいても、はじめのうちに出される考えはさほど重視されない。もう考えが出つくしたころに、ひょいとあらわれる思いつきに、すばらしいものがあるのだと教える。明らかに重心は終りにありとしている。ブレイン・ストーミングに限らず、会議などにおいても、甲論乙駁で結着を見ないとき、それまで黙っていた人がとどめを刺すようなことを言って、そのひとことで決まってしまうことがある。それが大物の発言であると、鶴の一声で群鶏を圧倒した、などと言われる。

初めか終りか、もさることながら、われわれは、ともすれば、なぜ、まん中が脱落するか、を忘れがちである。初めがつよいのだ、いや終りがよく利くとはいうが、中頃がいい、とは決していわない。両端は注目されるが、それにはさまれた部分がなぜ無視されるのであろうか。

ここにA、B、Cという三つの部分がこの順に並んでいるとする。Aはその残曳《ざんえい》をBに及ぼして、干渉する。Bは、独立しているようでもこのAの残像作用から自由であることは許されない。Aの傘をかぶるため存在がぼかされる。それだけではない。

Cも溯行性残像をもってBに干渉する。Aからばかりではなく、Cからの傘の下にも立つことになる。Bは、A、C両方からの干渉を受けて存在を弱めるから、AやCほど際立った印象を残さない。それに比べるとAとCはそれぞれ前と後とがないから掩蔽されることもそれだけすくなく、後々の記憶にも残りやすい。

これは人間の認識に広く働いている自覚されない作用である。討論の発言で有効なのは初めか、終りかは、その一例に過ぎない。中頃がいいといわれないところにむしろ注意すべきであろう。

さきのA、B、Cをかりに、それぞれ、ひとつの作品の原稿、それにつぐ写本、もっとも後にあらわれた異本、と置き換えてみるとどうであろうか。AとCが存在を主張するのに対して、間にはさまったBの影はうすくなってしまうのは先述のとおりである。つまり、BはCによってなくていいものにされる。そればかりではなく、Aも、Cあるいは、Cと手を結んだBによって影のうすい存在にされてしまっているのかもしれない。

このように考えると、七世紀の作品が十一世紀まで冬眠しているわけがわかってくる。大火などなくても、Bに相当する部分の写本は残るはずがないのである。ことに、

A、Bに対してCが、さきの『ベオウルフ』の場合のように際立った新しい性格をもった異本であるとき、Cの溯行干渉作用は大きなものになると考えられる。

新しくあらわれる異本は、先行するテクストを湮滅させようとする傾向を潜在させているのである。

＊

さきに自然科学においては新しい真理は古い真理の墓場の上に築かれるとのべたが、これは何も学問の世界のことだけではない。われわれのまわりは大体において、新しければ新しいほどよいという通念によって動いている。ニュース・ヴァーリューはその極端な例であろう。人の噂も七十五日、古くなった事件よりも、きのう、きょうの小さな事件のニュースを喜ぶのが人情である。ジャーナリズムはそういう人間性に裏付けられて発達した。

物の世界でも同じことが言われる。新しいカラーテレビを買った人は、古い白黒のテレビをどこかへ片付ける。百年もすれば、わが家ではじめて買ったテレビが珍しがられるだろう。それに備えてこれを保存しておこうなどと考える人はほとんどない。

ことに近ごろのように、使い捨てが普通になり、へたにものをとっておいては住む空間もなくなるおそれがあると感じている人たちは、まだ使えるものでも、より便利な新しい同種のものがあらわれれば、古いものをさっさと捨ててしまう。

新聞や古雑誌の始末にどこの家庭でも困っている。三日前の新聞、半年前の雑誌をとっておくには特別な理由がいる。あるいは将来、価値が出るかもしれないというだけのことで、物に対する博愛の精神をもって、古物を保存しては、どんなに大きな倉庫をこしらえても納まり切らなくなる。新しいものが出現すれば、古いものは脇へ押しやられ、消えるともなく消えて行く。新しいものの量が多くなると自然消滅には委ねておかれなくなるから、整理の必要がおこってくる。新しいものによって、それまでの新しいものが古くなり、古いものはいっそう古くなる。その古いものは新しいものに遠慮して消えようとする。すくなくともわれわれの関心は、新しく現われたものほど古いものに向かない。注意の焦点から外れると、ものごとはたちまち、散佚してしまう。新しいものに気をとられることによって、それ以前のものは盲点に入る。盲点にかくれたものは見えなくなり、どこかへ飛び去ってふたたび還ることがない。

新しいものほどよい——これは人間が新しい環境に適合するのに欠くことのできな

い本能的思考ということができる。それがまた、古いものに倦怠を感じ、新しいものを生まずにはいられない心的傾向になる。新しいものができるごとに、古いものが忘れられ、消滅し、あるいは整理される。社会や人間の保持能力には限界があって、一定量を超えると、自然に一部が捨てられるようになっているように思われる。プールや洗面所には水を入れすぎても外へあふれることがないように、オーバーフローがついている。

われわれの生活においても、目に見えないオーバーフローがあって、新しいものが入ってきてあふれそうになると、自然に外へ排水される。その場合、いちばん初めからあったものと、最新に入ったものは残されて、中間部分がまず放流されるように考えられる。

表現という心理現象についても、ほぼ同じことが言いうる。頭に入っている表現がごくすくない間は、あとから現われるものをどんどん吸収できる。やがて頭いっぱいになると、新しいものがやって来ても入る余地がない。そうすると、新しいものが先行表現を排除するオーバーフローが働き出す。ときには、先行するすべてを、旧式で見るべきところなし、として否定抹殺しかねない。新しいものが本当に新しいものとしての存在を主張し得るとき、それは必ず何がしかの新しい価値基準を背景にしている。その価値観を肯定するならば、それまでの価値基準は超克される。そうでなければ新しいものの出現するわけがないからである。

その新しい価値基準が強力なものであればあるほど、先行の同類を排除する程度も強くなると想像される。

作品について考えると、新しいテクストが生れるには、それなりの理由がある。読みたい人が多いのにテクストがすくないとか、時代がたってわかりにくくなり、註釈などの助けが必要になるとか、内容的に抵抗のある部分ができるとか、さまざまであろう。

新しいテクストはしたがって、新しい解釈をともなっているもので、異本である。そういえば、作者の自筆稿以外はすべて大なり小なり異本でないものはない。

十三世紀にたとえば仏教の大きな変化があったとすると、それに適応するために十一世紀以来の作品に新異本が生れる。すでにこの作品にはたくさんの異本群があるのだが、ここできわめて強力な新異本が出現したとすると、それまでの異本は、古くなった新聞ほどではないにしても、価値の乏しいもののように感じられるのは自然である。十三世紀異本が十二世紀までの異本群を整理一掃するのである。それだけではなく、勢いあまって原形作品すらも湮滅させてしまうかもしれない。

十一世紀のイギリスにもやはり宗教上の大変化があったと想像すれば、そこでできた異本が十世紀までの諸異本をなで切りにして、ついには原作そのものすら葬ってしまってもおかしくはない。

新しい異本はそれまでの先行異本群を排除する。忘却、散佚、湮滅、整理などはいずれもその具体的なあらわれである。

*

新しいものが誕生し、古いものが消滅して行く。自然のうちに行われるこの整理は生物の世界における淘汰に似ている。反面、古いものの生命を受けてつぎつぎに新しいものが生れる。これはこの世界の大原則である。まったく新しいものはない。新しいと思われるものも古いものの変異、変種であるに過ぎない。

ひとつの作品もまた、それがすぐれたものである限り、つぎつぎ新しい異本を生み出すに違いない。それらの異本群の中でも、やはり新しいものは、先行する異本の一部、あるいは全部を一掃排除しようとする潜在的傾向を秘めている。この点では、生物界のルールと異なるところはないように思われる。生物において進化論が認められるならば、同一作品から派生した異本群の系列の間においても、適者生存の法則は作用していると考えてよいであろう。

言葉の解釈も、ひとつひとつ異本であると解されるが、新しい解釈が承認されると、それまでのものは、忘れられたり、異説、一説として斥けられる。たとえば、シェイクスピアの『トロイラスとクレシダ』に出る「新奇を好むは万人皆同じ」という意味の 'One touch of nature makes the whole world kin' は、のちに、「四海皆同胞」といった意味に変形させられて使われるようになり流布した。もとの文脈においてはこの新解はむしろ誤りとしてよいかもしれないものであるが、これが広まると、もとの「新奇を好むは……」の方は忘れられてしまう。キリスト教の影響を蒙った『ベオウルフ』が原『ベオウルフ』にとって替ったのと事の性質はかわらない。

これはむしろ、初めの発言がつよいか、あとからの発言の方が有効かという問題に関係づけて考えた方がよいかもしれないが、論争においては、攻撃批判論は一見いかにも勇ましく見えるけれども、その実、あまり後世に残りにくい。それに対して、弁護論（アポロギア）は守りで花々しさに欠け、どう見ても分が悪そうだが、後世に名をとどめ、読みつがれるというのもおもしろい。問題提起をしている攻撃論よりも弁護論の方が強く、問題提起そのものを忘れさせてしまうほどの力をもっているのは不思議であるが、歴史上しばしばこれが起っている。やはり異本と同じく弁護論にも先行の同ジャンルの表現を排除する傾向があると考えないわけにはいかない。

＊

新しいものほどすぐれているという一般の素朴な反応によって、古いものより、新しい異本の方が有力になる。すべてのものごとの源泉はかようにして混沌不明に陥る。どこの国でもごく古い時代の作品や出来事がはっきりした形で伝承されていることはほとんどなく、伝説的曖昧さの中にかすんで見えるのも、後からの異本によって干渉された結果だとも考えることができる。作品や事件だけではなく、日常用いている言葉にしても、われわれはごく近年における慣用的用法（つまり意味）を心得ているだけで、ほとんど原義を知らない。

古代の精神が失われて、いたずらに恣意の解釈が横行しているように感じられるとき、異本や新しいものを肯定する通念に対する疑問が生れる。そもそも原形はどうであったのか。後人の解釈という加工を受けない状態ではいかなるものであったか。そういう歴史主義的関心がおこってくるのはこの段階である。異本に対して原稿、初稿へ復帰することを目指す文献学はそのひとつの形式である。

歴史主義に立脚する文献学では、表現は古ければ古いほどよく、その作者に近ければ近いほどよいことになる。したがって、異本の価値は頭から否定される。異本も作者から遠ざかるにつれてますます乱れたものと見る。歴史的価値はニュース・ヴァーリューとは反対のものを指向しているが、これが、比較的近年になってようやく確立するというのはおもしろい。歴史は太古から存するけれども、歴史学や歴史主義は、近代もここ二百年くらいの間にようやく確立したものであることも忘れてはなるまい。

ところが、ひとたび歴史主義が実証的研究の方法論として公認されると、すべての表現がその源泉へ還ることを理想とし、それを歴史的原点において考えようとするようになった。

ものごとの起源に立ち帰って考えるということは書物が存在するところにおいては成果をあげることができる。歴史主義的研究法が印刷出版文化の発達した時代になるまで形を整えないのは偶然ではあるまい。口誦伝承の文化、事件においては、原形を復元することは不可能に近いから、歴史的方法ではどうすることもできない。

ところが、人間の文化の歴史は、書物が出来、さらには印刷物としての本ができるようになってからの期間に比べると、口伝によっていた歴史の方が比較にならないくらい長い。源泉を究明するためと称して、近代文化がすべての異本を悪者視してきたため、ここで考えた、異本の先行異本排除の法則のごときも、ほとんど注意されることなく見逃されている。

異本の復権

〝作品をあるがままに読む〟

よくそういうことを言う。一般読者だけでなくて、長年の文学修業を重ねた批評家までも本気になって、あるがままに作品を読むべきだと説く。そしてそれを別におかしいという人もあらわれないのだから不思議である。人びとは本当に〝あるがまま〟に読むことができると思っているのであろうか。もしそうだとすれば、よほど楽天的な性格の人間か、さもなければ、ひどく内省力の欠如した人間であるに違いない。

シェイクスピアは、演劇、つまり、芸術というものは「自然に向って鏡をかかげること」だと言った。もし、鏡が歪んでいなければ、自然を〝あるがまま〟に写すことができる。もっとも、右と左とが入れ替ったりすることをどう考えるかという問題もある。さらに、三次元の立体的世界を二次元の平面に投影したものは〝あるがまま〟ではないという異議はいっそう厄介である。いわゆる鏡でも決して〝あるがまま〟を写し出すことはできない。

実際に芸術という鏡はこの人間世界という自然をかなり変形し、ディフォルメして描いてみせる、そこが美しくおもしろいのである。完全に模倣的な表現がかりにあったとしても、芸術にならない。人間的価値をもつこともないであろう。

アート（芸術）とは人間的営為によるものの意である。もし〝あるがまま〟を理想とするならば、アートは否定されなくてはならないことになる。芸術は自然をそのまま模写するから尊いのではなくて、自然に新しい秩序を与える加工を経ているからこそ美しい。

読むのも同じである。だいたい、読むのを受動的なものときめてかかっているのがおかしい。芸術が完全に自然の模写、模倣ではなく、また、あってはならないのと同じく、読者も作品に向って、すこしの歪みもないような鏡を向けることはできないし、また、向けてはならない。

子供の心は無垢で、あるがままをより受け容れやすいが、子供にとって理解できないものがいかに多いことか。理解とは、外にあるものをそのままの形で受け容れることではなく、客として半ば出迎えて、しかるべき所へすえるのに近い。受け手にそれだけの用意がなければ、あるがままに読むことができないのはもちろん、そもそも何が何だかわからなくなってしまう。

作品も傍若無人にわれわれの心の中へ押し入ってくるのではない。様子をうかがい、いくらかおずおずと近寄ってくる。読み初めの本が、たいていいくらか抵抗を感じさせるのも、作品と読者の出会いの緊張を反映している。

具体的な表現を好む読者に対しては、作品はなるべく即物的なところを見せようとして、思弁的なところは抑える。つまり、できるだけ気に入られようとつとめる。それでも主人《あるじ》のお気に召さなければしかたがない。ご縁がなかったものとしてあきらめる。つき合いまで発展しない、ただの訪問に終る。

迎える主人側も、なるべくならば気もちよく客になってもらうための用意はする。しかるべく準備したり部屋や調度に気を配るであろう。そうして迎えた作品であるから、相手かまわず、勝手なことをまくし立てたり、粗略な扱いなどするわけがない。

ときには下にもおかぬ鄭重なもてなしをする。

しかし、それは、あるがままをそのまま受け容れるのとは違う。客を接待するには対話が必要になる。口をきかない主人では困る。同じ客である作品でも、迎える主人、読者が違えば、話の調子、内容とも変るのが当然である。作品の解釈が、ひとによって異なるのはそのためである。

これまで、読者は自らを作品という客を迎える主人と考えることがなかった。文学の理解においての多くの混乱が起っているのは、読者が不当な自己否定をしていることと無関係ではなかろう。

＊

〝あるがままに〟読めない、となれば、読者はめいめいのよしとする意味によって理解するほかはなくなる。われわれがわかったと思うのはそういう理解である。

外国語を知らない人にとって、その意味をとるには翻訳を必要とする。翻訳とは自国語で外国語の意味を近似値的にとらえようとする作業である。〝原文忠実〟などと言うけれども、翻訳に〝あるがままの翻訳〟というものはない。かならず、もとの表現との間にずれを生じている。原文を完全に再現することを求めるならば、翻訳は理論上は不可能になってしまう。これまでもそういう不可能説がおりにふれて提出されてきた。ところが、実際はさかんに翻訳が行われている。完全に忠実な再現でないからといって、それを禁ずることはもちろんできない。そういういわゆる翻訳をわれわれは何か特別と見なしがちである。多くの人は、ときに翻訳を手にすることがあっても、自分では翻訳の作業そのものとは無関係な生活をしていると思っている。はたしてそうであろうか。案外、目に見えない翻訳はたえずしているのかもしれない。

作品を読む。そこに書かれていることがすべて読者の熟知した事柄ばかりということはあり得ない。かりに、そういう作品があればわざわざ読む必要もないし、もし読もうとしてもたちまち退屈を感じて投げ出してしまうであろう。

未知の問題があらわれれば、読者は想像力をはたらかせて、何とかわかろうとする。わかったと感じることができれば、そこで、一種の〝翻訳〟が完了しているのである。自己のシステムによって未知の他者を再編成するのが翻訳ならば、ものを読むのは、大なり小なり翻訳的である。理解ということそのものが翻訳的性格をもっている。完全理解ということは言葉の上でしか存在しない。どんなに忠実なように見える理解でも、かならず理解側のものの見方や感じ方、先入主などが参加し、その影響を受けているものである。ごく簡単な表現についても、こまかく見るならば、読者の数だけの違った解釈が生れるのは、理解が翻訳であることを何よりも雄弁に物語っている。どんな名手が訳しても、同じ原文からできた二つの翻訳がまったく同じということは決してない。もし部分的にでも完全に同一の訳文があれば盗作を疑われるくらいである。

もちろん、読むだけでなく、話を聞く場合にも、同じような翻訳的理解がおこる。というよりもむしろ、口頭伝達における〝翻訳〟の方がものを読むときの〝翻訳〟の原形であり、それだけにいっそう異同も大きいのは注目すべきであろう。

世間の好奇心を刺激するような〝ここだけの話〟が、たちまち尾ひれをつけて泳ぎ廻わり出し、しばらくすると、はじめの話し手が腰を抜かしそうなデマになってしまう、という例はいくらでもある。話をリレーする人たちに、すこしでもおもしろく、大げさな噂になればいいという気持が潜在している。ひとりひとりの受け手によって〝翻訳〟を受けるたびに、そのように変形され、ついには似てもつかない話を生み出す。

世の中には初めからおもしろい話というものもないではないが、多くは、理解する側でおもしろいと感じたものが〝おもしろい〟話になる。〝翻訳〟された結果である。かりに、もとはおもしろい話であっても、〝翻訳〟しておもしろくないものは、おもしろくなくなってしまう。

おもしろいと思うときはたいてい、〝翻訳者〟は自己の考えや感情を対象の中へもち込んで相乗効果を出している。技術的翻訳から見るといささか誤訳くさいときに、むしろ、おもしろさが感じられる。数学の教科書を読んでもあまりおもしろくないのは、そういう勝手な〝翻訳〟が許されないからであろう。

六法全書も、数学の教科書ほどではないにしても、ここで考えているような自由な翻訳的理解の対象になりにくいものだが、それでもなお、法律の条文がただ一つだけの解釈しか許さないのではない証拠に、法解釈ということが裁判における重要な争点になる。原告と被告は同じ法律の条文について、対立する翻訳を主張し合っているようなものだ。

古典作品を読むと、ところどころに、諸説紛々として定まる所を知らず、と言いたくなる難所に遭遇する。考えていると、これまで出されたどれも正しいとも言えるし、逆に、どれも不満足で、別の自分の考えの方がいいようにも考えられる。

どうして、こうした諸説紛々の箇所が生れるのか。考えてみると、おそらく原文に、ある裂け目ができていて、読者、研究者の〝翻訳〟がその裂け目から顔をのぞかせるのだと考えることができそうだ。読む側の〝翻訳〟は原文のすべての部分に対してなされているが、普通のところでは、大同小異の理解になって誤差が表面化せず、潜在したままになっている。それが原文の乱れや裂け目につき当ると、各人の〝翻訳〟の差がはっきりした形をとるようになる。それが諸説紛々の正体である。

このように見てくると、理解はすべて目に見えない翻訳であることが認められるようになるであろう。

＊

諸説紛々の箇所は、われわれが翻訳と思わずに翻訳をしていることをはっきり示してくれるが、それ以外にも目に見えない〝翻訳〟がないわけではない。

いま仮に、ある作品のテクストに対して、ひとりの読者がこれに不満をいだいたとする。そして新しいよりすぐれたテクストを作ろうとしたとする。乱れた本文を正そうという意図がはっきりしているときには、このテクストの再建は校訂と呼ばれる。

あまりに勝手な翻訳が多くなって、原文の姿が消えてしまったとき、その原文へ帰ろうとするもので、いわば、翻訳から原文へ戻ろうとする翻訳、逆翻訳である。

とにかく、まったく同じという新しいテクストはできない。どれほどもとと同じようにと心掛けてもなお、かならず異同ができる。印刷上の誤りをなくするために校正が行われるけれども、完全に誤植をなくするのは至難である。すべての新版は異本ということである。その異本は広義の翻訳の結果として生れるものにほかならない。『源氏物語』の現代語訳はりっぱな翻訳であるが、漱石全集が若い読者に読めなくなったというので新仮名づかいの新版が出来たのも形をともなった翻訳にあらざる翻訳の一種である。

本文そのものには改変を加えないが、その周辺において、本文にも影響を及ぼすのが註釈である。もともと、作品の本文には註釈などついていないものだ。註釈を付けようとする仕事は、本文の理解に当って生じた抵抗のエネルギーによるもので、後の読者の便にという意図をもっている。やはり、形をかえた翻訳、異本としてよかろう。

昔の人は原本を写して写本をこしらえた。一字一句間違わないようにと心掛けても、なお、いろいろな異同ができる。同一作品の写本間にいちじるしい出入りが見られるのも、写本といえども、やはり翻訳であると考えれば、説明がつく。決して同じものはくりかえされない。くりかえされたものはかならず異同を生じる。翻訳たるゆえんである。

作品を読むという〝翻訳〟が、テクストの変動をともなったり、諸説紛々の註釈が生んだりする外形をともなうことはむしろ例外と考えられる。読み手の行なっている大部分の翻訳はそういうはっきりした形をとらないで読者の頭の中に留まったままでいる。各人のもつ作品像、解釈は翻訳を経た上の異本であることを改めて認識すべきである。それを〝あるがまま〟の作品の姿と誤解するところから混乱が生じてくる。

そういう翻訳という形をとらない翻訳をもとのテクストとして批評とか研究も行われる。もととなるものがすでに各人各様に異なる翻訳であるから、それに立脚した批評や研究は二重の翻訳となるわけで、それらがときとしてまったく対立した立場をとることも少なくない。作者についての研究、伝記なども、翻訳によって生じたエネルギーをもとにしていることが多く、その限りにおいては、姿をかえた翻訳・異本であると見ることができる。

表現を理解するすべてが翻訳にきわめて類似した過程を経て生れる異本的性格のも

のであることを、これまでの印刷文化の中において読者は見落してきた。作品、表現を読者が自分のもっている方式にあてはめて処理したとき、つまり、広義の翻訳を行なったときにおいてのみ、理解が成立する。子供には複雑な内容のものがわからない。ことばがどんなにやさしくても、受け容れ側にパターンが用意されていなければ、論語読みの論語知らず、になるのである。

小説を映画にしたり、テレビドラマにするとき脚色が行われる。原作者がみずから脚色に当ることもまれにはないではないが、それがあまり成功しないのはおもしろい。多くの脚色は原作にかなり大きな改変を加える。そのためしばしば原作者と脚色者との間に紛糾がおこる。どんなに原作を尊重しようとしても、脚色に忠実であろうとすれば、ときに思い切ったナタをふるわなくてはならない。

日常普通の理解はたとえていえば、もとの漱石全集と新仮名漱石全集の間に見られるような〝翻訳〟である。ところが脚色では英語を日本語に訳す程度の大きな翻訳になる。問題はその程度ではなく、どちらも翻訳であるという共通点にある。われわれは気づいていることはすくないが、ごく軽微な翻訳からきわめて思い切った翻訳まで、その場その場に応じて程度はさまざまであるが、つねに原文の脚色をしているのだとしても決して過言ではない。

翻訳は原文を再現しようとする営みで、模倣的であると考えられやすいが、ヴァリエイションに創造性を認めるならば、りっぱに創造活動である。

〝おもしろさ〟はそのヴァリエイションの創造性によって生れる効果であることが少なくない。われわれがある作品をおもしろいと思うとき、それは原作が相当自由な翻訳を許したからであることが多い。思い切った脚色がなされたときも、それがおもしろいと感じられる。

法律や数学の本が通俗な意味ではおもしろくないのも、また、逆に、無責任なゴシップがきわめておもしろいのも、受け手側に許す脚色の範囲程度が大きいか小さいかにかかわる。

おもしろいと思われるものは、〝あるがまま〟の作品とは別のものである。おもしろい作品は脚色・翻訳を受けた現象としての表現であって、文字に表現された本文とは区別されなくてはならない。おもしろさは翻訳によってつくり上げられた異本効果である。そのように考えると、これまで受動的にのみ考えられていた、読み、解釈、批評、脚色などがすべて創造性を帯びることが了解されよう。

おもしろい本というようなことを言うが、おもしろさは表現内部に具わっているのではなく、おもしろさを感じるような翻訳、脚色を誘発するように書かれたものと考えた方が妥当なように思われる。それだから、Aがおもしろいと思うXという作品が、BやCにとってはまったく退屈に思われたり、その逆のことがおこる。おもしろさは享受者のもつ異本化作用の効果だからである。

発表当時人気のなかった作品が時がたつにつれて価値が認められるようになるとか、反対に、発表直後に名作の名をほしいままにしたような作品が、時とともに忘れられるともなく忘れられて行くとかいうことがおこるのも、作品の評価が読者の異本的翻訳としての解釈に負うところがいかに大きいかを暗示している。

＊

表現の送り手と受け手との間のコミュニケイションにおいて、メッセイジの移動が必然的な異本をつくることはすでにのべた。コミュニケイションによって得られる理解が翻訳的性格のものであるためである。

その翻訳の振幅、許容度は伝達の様式に従っておのずから差異がある。もっとも自由な翻訳が許され、もっとも目ざましい異本を生ずるのは口誦、口頭伝達である。これがときとしてデマや流言蜚語のような現象になる。そういう特異なものだけでなく、一般に口頭による伝達では異本的翻訳はかなり活潑に行われている。他人の言うことを〝あるがまま〟に理解しようということはあまり強調されない。受け手の勝手な解釈に委ねられている。それでさまざまな誤解がおこる。

文字による伝達では、話しことばほど自由な解釈は許されなくなる。ひとつには文字を読むのは、耳でことばを聞くのとは違って読む訓練を必要とする。正しく読まなくてはならないことを教えこまれる読者の理解は、より規範的になりやすい。

しかし、たとえば、感銘した書物を引き写す写本家にとっては、ときとして、相当自由な解釈をしようとする誘惑は大きいと思われる。写本による異本群がかなり幅のある異同を示しているのはそのあらわれであろう。こういう事情は印刷本が普通になって消失する。

印刷された本は、話されたことば、写本で読む作品に比べて、はるかに読者にとって遠い存在である。きわめて明確なテクストが活字という動かしがたい形で示されている。これを勝手に改変することはもちろん、自由に解釈することすら冒瀆的なこととされがちである。原文尊重の思想が育つ。写本の時代においては、なお本文をいくらか動かすことは可能であった。それが印刷の時代になると、一般読者にとって新しい別の本をつくることは技術的にも不可能である。印刷されたものを〝あるがまま〟に受け容れるほかはない。さきにものべたが、印刷には誤植がついてまわる。それをなくして、原稿通りのテクストを再現しようとする校正という考え方も、原文尊重思想を強化するのに貢献したと思われる。

印刷本の時代になって、テクストの形の上にあらわれる異本は事実上消滅する。それでは異本化現象はまったくなくなったのかというと、決してそうではない。表面にはあらわれないが、異本化のエネルギーは消えるわけではない。潜在化した異本化作用はいろいろな別の形をとるようになる。

註釈、批評、伝記研究、考証などはその変装した異本であると考えられる。異本が自由に生れることのできた時代には、批評とか、伝記、考証などがほとんどあらわれないのは、読者の異本化のエネルギーの総量は不変であることを感じさせる。いわゆる異本が許されるところでは、異本的翻訳エネルギーはそこではけ口を見出すから、ほかのところへ流れない。印刷本がテクストの固定を当然のこととしてしまうに及んではじめて、行き場のなくなった異本化の力が、批評など、二次的異本を動かし出す。批評、鑑賞、註釈もつまり異本の変形ということである。それがはっきり異本的活動であることを承認されることがすくないために、近代文学からは、異本が消滅しているかのような錯覚を与える。したがって、異本を文学の敵のように見る態度も一般化するが、いずれも文学にとって大きな不幸と言わなくてはならない。

文学が人間の表現行動と理解行動の精華であるとするなら、それはその根源的原理と考えられる異本を忘れては成立することはできないはずである。われわれはむしろ積極的に異本の復権を考えるべき段階にあることを自覚すべきである。

自然の編集

横光利一は、編集者が原稿をとりに行くと、その場に待たせておいて、引き出しから原稿をとり出して読み返し、手を入れ始めたそうである。

書いてしばらくは引き出しに寝させてある。書き上げてすぐ読み返さないことについて、横光は、書いた直後はまだ創作の興奮がつづいていて、よくものが見えるようになっていない。平静にかえってからでないと推敲の意味がすくない。そう説明した、という。

ヘミングウェイが亡くなったあと、相当な量の未発表原稿があらわれて世間をおどろかせた。本にしようとすればできたであろうに、どうして原稿のまま眠らせておいたのか。ファンは不思議に思った。

ヘミングウェイという作家は作品ができ上っても、すぐそれを発表するようなことはしなかったらしい。書き上げると、まず、銀行の貸金庫に入れて寝させておく。ある期間そうしておいてから出してきて推敲する。それで気に入ればよし、さもなければ再び貸金庫へ戻した。こういうことをしていて、ついに納得のいくところまで行かなかった作品が遺稿となったというわけである。

こういうことは、多くの人がしていることであろう。ヘミングウェイが貸金庫を利用したのはいかにもアメリカ的であるが、東洋の文人が篋底《きょうてい》に秘めるのと同工異曲である。

推敲というのは、時間のからむ問題である。この言葉が中国の唐の詩人賈島《かとう》の故事に由来するのはよく知られている。「鳥は宿る池辺の樹、僧は敲く月下の門」という句を得た賈島は、この「敲く」がいいか、初案の「推す」がよいかで迷いに迷った。考えあぐねているうちに韓退之の行列につき当る。とがめられて事情を語ると、韓退之は「敲く」がよかろうと言った、というのである。

賈島は寝させないで推敲をしようとしたらしく思われる。これがヘミングウェイや横光の例などと比べて違っている。本当の推敲とはヘミングウェイ＝横光式のものであろう。ご本尊の賈島は推敲の何たるかを、すくなくとも時間の要素がからむものであることを、しっかり弁えていなかったのではあるまいか。それだからこそ、他人の行列にぶつかるほど夢中になって考えても決着がつきかねた。

韓退之の助言によって「敲く」にきめたというのは、時間的距離を他人の目という空間的距離に移行させたものだと考えることもできる。推敲は本人が時間の軸において、つまり、しばらくたってから行なうテクストの改変である。他人が空間的軸で行なう同種の改変のことは添削という。韓退之の助言は添削の一種だったのである。

わが国の短歌、俳句では、添削はいまなおごく普通に行われているが、一般に、近代文学においては、添削を受け容れる余地はないように考えられている。作品の改良はただ推敲だけによるほかはないかのごとくである。

ところが、必ずしもそうではないらしいのは、T・S・エリオットの『荒地』の例を見てもわかる。現在われわれの知っている『荒地』は、詩友エズラ・パウンドの徹底的な斧鉞《ふえつ》を受けたものである。添削以外の何ものでもない。詩人自らでは、とうていこうした改変を敢行できなかったであろう。

興味あるのは、『荒地』のもとの原稿が詩人の生前すでに行方不明になっていたことである。添削を受けた方のテクストが傑作だとなれば、もとの形に用はなくなる。新しい異本は先行テクストを排除、湮滅させる習性をもつということは前述したが、ここでもその発動が見られる。

　原稿が紛失していたから、どの程度パウンドが添削したのかもはっきりしなかった。ところが、エリオットの没後、偶然に原『荒地』が発見されて、その実態が明らかになった。

　とにかく、添削と推敲はきわめて近い関係にある。推敲を不要だという人はないが、添削は個性の否定になりかねないと、歌人、俳人の間でも疑問視する向きがふえている。もし推敲がいいのなら、添削もまた必要な改良になることを認めてもよいはずである。

　原稿の下書きをつくるかどうか、もしばしば問題にされる。下書きを清書するときに、必然的に推敲が行われる。もっとも清書は時間と労力を要するから、そちらに気をとられて、肝心な表現の吟味がおろそかになるおそれはある。

　清書をするときに下書きの表現を改める推敲も、かならずしも推敲したあとの形の方がいいとは限らない。はじめの考えの方がすぐれていることもあるから、推敲すべて可なり、ときめてしまうことはできない。微妙である。あまり手を加えていると、もとの表現にあった生きのよさが死んで、一種のデカダンスに陥る。

いずれにしても、推敲、添削は個人がテクストに対して加える時間的改変、修正である。すくなくとも推敲の必要を頭から否定する人はないであろうが、推敲が筆者自らの手によってつくられる異本にほかならないと指摘されれば、意外に思う人もすくなくないと思われる。

*

推敲、添削が個人的、時間的であるのに対して、作品の評価の変遷は社会的、時間的な現象である。

評価の変遷を推敲と並べて考えようとするわけは、評価の変化が目に見えない異本化と表裏をなしているからである。

天才は故郷に容れられない、という。もとの社会では添削すら拒否されていることになる。あまりにもかけはなれたものは理解できないのが人間である。第三者が、わかる、おもしろいと思うのは、知らず知らずのうちに添削という形をとらない添削をしている結果の印象にほかならない。

添削ができるには、ある程度、対象の作品、表現と共通性をもっている必要がある。天才とはまさに同時代との共通性を拒絶しているということだから、故郷において添削を受けられない、つまり、理解されない道理になる。

天才の作品といえども、理解されることを欲する。そのために異本となることを拒んではいない。新しい解釈を許容する。それはとりもなおさず、目に見えない添削を受けて、目に見えない異本になることである。そういう新しい解釈がつみ重なって、はじめは近づき難かった作品もようやくわかるようになる。その解釈には作者の予想もしなかったようなものも当然ある。

異本に耐える。それが古典成立の条件である。異本化を嫌っては古典になることは望めない。むしろ、大きな古典ほど大規模な異本化をむしろ挑発しているものである。

東洋の詩人はよく、知己を百年の後に俟つ、と言った。天才は故郷に容れられず、という命題を、本人の立場からのべたものと見てよい。これを、百年経てば自分をそっくりそのまま理解してくれる具眼の士があらわれる、と解するのは皮相である。もし、不遇な詩人が後世そういう理解者のあらわれることを期待するとすれば、非現実的であろう。いまの社会で理解されないことが、百年後にわかってもらえるはずがない。

新しい時代がやってくれば、当然、新しい異本が生れる。どんな作品にも異本ができる。それがよくない異本であれば、その作品は埋没の道を歩み出していることになる。すぐれた異本であれば、古典の殿堂へ向って一歩あゆみ出したと考えてよい。

百年も経てば、作品の命運はすでに定まっているはずである。それまでに悪い異本しか生まなかった作品なら、とっくに忘れ去られている。もし、すこしずつでも膨張する異本群にかこまれていれば、古典の座は安泰になっていなくてはおかしい。

知己を百年の後に俟つ、というのは、それまでに、古典として確立するような相当大幅な異本化にあえて耐えていこうということになるであろう。

いかなる表現も孤立系ではない。他者との関係においてのみ意味をもつ。天才の作品は、同時代の同種のものとの間で親和力をもっていないために、当座は異本が生れにくい。次の時代、さらにその次の時代になると、新しい表現、作品があらわれて、それとの間に新しいコンテクストを形成する。

そのとき、作品はその形をまったく変えることなく、見えない異本化現象をおこしている。新しい時代に生きのびた作品はそのままの形で異本なのである。

作者にして、自分の作品が後世に遺ることを望まないものはあるまい。古典になることを希望するのは、とりもなおさず、異本を歓迎することになる。古典にはしたいが、異本は困る、というようなわがままは許されないし、だいいち、そんなことは不可能である。

推敲が作者みずからの手による異本なら、古典化は不特定多数による歴史的、社会的異本によって進められる。知己を百年の後に俟つ、とは、その歴史的、社会的異本を待望する宣言でなくてはならない。

そして、実際そういう例はいくらでもある。イギリスの十七世紀の詩人ジョン・ダンは、二十世紀になるまで、その真価を認められなかった。ダンは知己を百年の後にとは言わなかったが、三百年間、古典としての異本のできるのを待っていたことになる。われわれは、ジョン・ダンを十七世紀詩人と言うべきか、現代詩人と称すべきか、迷うことができる。

ジョン・ダン再評価のきっかけは、十七世紀を見なおそうとする学問的研究であったが、背後に社会的、文化的風土の変化のあったことをも見のがすことはできない。そこで生れた新しい異本によってはじめて新しく偉大な古典となり得たのである。歴史の添削を受けてダンは理解される形になった。ダンの詩は、むろんダンの作品ではあるが、すべての歴史は〝後世が書いた〟ものであるというのと似た意味において、二十世紀の書いたものでもある。

*

ある作家が短篇を書いて発表したとする。そのときはさほど評判にならなかったのに、何年かして、ほかの作品とともに短篇集に入れられると、そこで急に光を放って名篇の名をほしいままにする、ということがある。

これはその短篇に言わしむれば、〝知己を何年か後の短篇集に俟つ〟ということかもしれない。単独ではさほどに思われなかった作品が、ほかの作品といっしょになって、新しく大きなコンテクストの中に入ると、これまでとはまったく違った解釈を受けておもしろく見える。そういう相対的な問題とも考えられる。

逆にまた、単独に読まれるとおもしろいものが、集められて本になった中で読むと、何となく索然たる思いをさせることもないではない。たとえば、新聞のコラムの文章でそういうことが多いように思われる。紙面というコンテクストの中では、小粒でぴりりと光っている文章は、料理で言えば刺身のつまのような役を果している。読者の中には、刺身には食傷している、つまだけたべたいという酔狂な人もあるかもしれない。人気がある。

そうなると、コラムだけを集めた本が出したくなるのが人情であろう。ところが、刺身があるから、つまだけに食指が動いたのである。刺身を抜きにして、つまだけ、これでもか、これでもかと並べられると、正直にいって、鼻につく。コラムとして読んだときのおもしろさは消えてしまう。だいいち、ひどく単調に感じられる。トピックに変化があっても、なお退屈になりやすい。

集めるということで、集められたひとつひとつの表現にかなり大きな変化を生じるらしいことは、こういうことからも察せられる。ほかの作品や表現となじみやすいものもあれば、なじみにくいものもある。

有名な作品でも、たえず引用される部分というのはたいていきまっている。それはそこが他と調和しやすいからであろう。詩歌で言うと、選集の中へかならず採録されるものと、そうでない作品とがある。選集の常連にはアンソロジー・ピースと名がでてきている。アンソロジー・ピースは新しい異本をつくりやすい性格をもっているから、どういう作品の隣におかれても死ぬことがすくない。だから、また次の選集に採られるということになる。

『デカメロン』とか『源氏物語』とか『キャンタベリ物語』は俗に額縁物語と呼ばれる。いくつかの短篇物語を額縁に入れて並べるようにして全体の長篇をつくり上げている。これも、ただ集めて並べればいいのではない。どういうものどうしを隣り合わせにするかで、個々の物語の味わいも全体の出来栄えも相当大きく違ってくる。作者の腕はその配列にあると言ってよい。額縁物語のひとつひとつの短篇に、先人の作を借りている場合、流布している物語を改装して用いる場合、などがあるのは、とり合わせがいかに芸術的に大きな意義をもっていたかの証左になる。

このように、新しいコンテクストに入った表現は新しい異本になり、新しい意味を帯びる。この点を技術として発達させたのが編集である。選集も編集によってできるものだが、雑誌はさらに意識的に、新しいコンテクストにおける異本群の生ずるアンサンブルのおもしろさを追求する形式である。

雑誌編集は社会的、空間的異本化である。似た性格の表現活動に、俳諧、連句がある。ここでも句が単独にもつ意味と前後の句との関係において結ぶ意味との間にずれがあり、その違いを味わうところに興味をもつ点で、雑誌編集よりもいっそう洗練された異本感覚を裏付けにしている。

それから、映画におけるフィルムのモンタージュ編集がある。カットとカットをどのように結合させるかによって、それぞれのカットの意味が違ってくるばかりでなく、そこに生れる雰囲気も決定的に変る。

連句は別として、雑誌編集や、ことに映画モンタージュが比較的新しい技法であるのは、異本というものについての認識がおくれていたことを暗示する。これまでの文化は、ひとつの表現にひとつの形を求めた。ひとつの表現にはひとつの解釈しか許さない。固定的な考え方をしてきた。ひとつの表現が、時と場合によって違った見え方をし、異なった意味をもつ。むしろ、大きくさまざまな異本が生じてこそ表現の生命力もたくましいのだ、というような考え方はまだはっきりとは容認されていない。

しかし、編集技術とか異本的思考とかいうことばをはなれれば、ごく古くから、それに見合うような現象が見られるのも、また事実である。作品が流布するというのも異本を別にしては考えられない。流行は移植であるから当然異本による。ある作品が古典になって、次の時代に残るのは、新しい時代のコンテクストの中へ迎え入れられることにほかならない。新しい時代社会という〝雑誌〟に載せられたものが古典になる。だれが編集しているかわからないが、編集は着実に行われている。それは、自然の編集と言ってもよいであろう。

*

およそ人間が表現を理解するのも異本をつくることである。他人の考えたものを自分の頭へ入れるのは移植であるが、必ずしもこちらのコンテクストに初めから調和するとは限らない。そのときにはわからないという反応になる。

一度でわからなかったものでも縁のないものとあきらめてしまうのは早い。くりかえし何度も読んでいるうちにわかってくることがある。古人はこれを、読書百遍意おのずから通ず、と言った。これは、読む人の頭のコンテクストが変り、作品の異本化が進み、両者が歩み寄って、ついには新しい意味の発見がおこることを言ったものである。

作者の側で、知己を百年の後に俟つ、というのと、読者が、読書百遍……というのとは表裏一体をなしている。もとの形のままでは理解されなくとも、新しく真にすぐれた作品は、有形無形の異本によって最終的には社会の容認するところとなるという考えを示している。

新しいものがわかりにくいのは、異本がないからである。異本ができて古くさくなるものは古典的価値の乏しいものであり、そこで新しく生れ変るもののみ真に不滅の生命をもつことができる。

われわれは頭の中で自分だけの〝雑誌〟をこしらえている。そこにはいろいろなものが混然と収められている。その中へ新しい表現を入れることが理解であるが、たまたま隣り合わせになったものとの相性が悪ければ、わからない、おもしろくない、といった印象になる。

逆に、そのときの頭の〝雑誌〟に適合すると、本来はさほどではないものに、ほかの人はそうは考えないような意味を感じる。これは編集によって生じた臨時の意味である。それが公認されれば定説となるが、臨時的である性格はすこしも変らない。その意味で、われわれは意識しないで、つねに目に見えない編集に従事していることになる。

作品、表現は独立しては存在し得ない。人間がそうであると同じく、ほかのものと付き合って生きて行く。相手が変れば、いっしょにいる仲間が違えば、その性格も変化する。つまり、コンテクストを外れて作品、表現は存在し得ないということである。そして、そのコンテクストは、時々刻々に移り変るから、それにつれて表現の意味も多少ともつねに変化している。ただ、それと気付かないだけである。それにつれて、形は変らなくても、内質において、たえず異本が生れている。静止的、固定的なテクストというのは考えられない。

表現を理解しようとするとき、それをどういうコンテクストの中に入れるかで意味は大きく左右される。くりかえしになるが、理解とは異本化の作業である。

もし、異本を否定すれば、表現の生命の根を殺してしまうことになりかねない。たとえ、形式的な異本は否認しても、人間が生きて行くかぎり、理解ということからは離れられない。そもそも解釈が可能なのは、われわれにはみな異本をつくる能力があるからである。

表現は、読者の〝編集〟を受けて理解され、社会の〝編集〟を通過して広まる。次の時代の人々によってもやはり〝編集〟されて、新しい〝雑誌〟の中に席を与えられる。もし、この集団的編集のメガネに合わなければ、没になる。きわめて多くの作品が次の時代にはこの没の運命に見舞われる。そのためもあって、異本ということがないがしろにされる。古典になった作品はたいてい原形とかなり違っているものである。

そこで、古典作品の源泉の姿、作者の書いたままの原稿の形をたしかめる作業が価値をもつようになる。これまでの文学研究が主としてこの文献学的調査に向けられていたことはすでにのべた通りである。古典になってしまったものなら、原稿の再現、復元に没頭していられるが、古典になるかどうかわからぬもの、普遍的価値をもつかどうかわからぬものについての研究においては、たんに作者の書いた通りの表現を明らかにすることはさほど意義がないのである。

いかなる作品も作者の手を離れた瞬間において古典になることはできない。すぐれた異本をもたなくては古典にならない。推敲、添削、編集などはその異本化現象の氷山の一角にすぎない。古典が古典になるために必要な異本は大部分、だれもそれと意識しない〝自然の編集〟によって生れる。

われわれの頭はひとつひとつがその自然の編集所であり、われわれの社会は、それらしくは見えないが、偉大なる編集工場であるということができる。

文学史の問題

文学史は教育用なのであろうか。そうでない文学史もあるはずであるが、どうも、普通の本のような読まれ方をしないような気がする。一般の歴史とも違う。批判的に読まれることがすくない。とりわけ、どういう立場に立って書かれているかに関心をもって読む読者はきわめてすくないようだ。

読者ばかりではなく、著者自身も、はっきりした理念や史観をもって記述していることは例外的である。それでは完全に公平に客観的な事実をのべているのか、と言うと、そうでもない。だいいち、客観的事実などというものがそんなに簡単にとらえられるわけがないのである。事実と見えるもの、著者自らが客観的と考えるデータも、実は、何らかのふるいにかけられたものである。
文学史の著者が、とくにはっきりした方法論や史観をもっているように自覚していないときが、もっとも面倒である。恣意の選択を事実と自分でも思い込む可能性がある。一貫した見方で整理されているときには、「解釈」の加わっているのがはっきりしている。それを割引くなり、修正するなりして読むことができる。

ところが、無自覚的加工はどこでどういう解釈がなされているのか見当もつかない。文学史が文学史家の恣意によって書かれるものであることを、しかし、こういう場合は覆いかくすことになりやすい。しかも、文学史はもとから存在するものではなくて、文学史家が創るものであることを、著者も充分に気付いていない。そこに、文学史のあいまいな性格がある。教育用に使われることが多いことが、それを許しているのでもあろう。

つまり、文学史についての考察、メタ文学史というものについての関心がはっきりしていないのである。過去の文学作品に短評を加えながら年代順に並べ、ひとまとまりのつきそうな時代区分をして、それにまた概括を行なう。そういうことでも文学史という本は書くことができる。そして、実際、その程度の文学史がすくなくない。

なぜ、現代のことが歴史になりにくいのか。どうして、現代文学史が書かれないのか。たいていの文学史は三十年くらい前のところまで現代に近づいてくると、ここからは歴史の領域ではない、として記述の筆をおくのが普通である。「まだ時の試練を経ていないがゆえに、文学史的判断を下すのは時期尚早であろう」というのが、そのときの文学史のせりふである。

同時代のことなら、昔のことよりもよくわかってよさそうなものだのに、それがそうはならない。時が経って、新しさが冷めるのを待つ。

あまり真新しい事実は、まぶしくて、よく見えない、ということもある。見えてはいるが、それをはかる物差がなくてどうしようもないという問題もある。とにかく、新しすぎるのは始末の悪いものである。時が実に多くのことを解決してくれる。五十年もたてば、たいていのことが、落着くところへ落着いている。

文学史はそのとき、この作家、この作品はしかじかかくかくの特色、傾向を有する、とのべることができる。

文学史家は自覚しているか、いないかは別として、それぞれ独自の見方をもっている。キリスト教社会であれば、プロテスタント史観に立つか、カトリック的世界観によるかで、同じものが、ときとして、まったく違って見えるかもしれない。イギリスならば、保守的なトーリー党の側でであるか、より進歩的なウィッグ党に共鳴するかで、それぞれの人の書く文学史はかなり違った展望を示すはずである。

厳正なるべき歴史の記述に、そういった、いわば偏向、偏見が影響するのは許されないことである。そういう議論は議論としては成立するけれども、完全に公正無私の歴史というものは現実には存在しないということも、また、忘れてはならない。

歴史があるまとまりをもち、単なる事実の断片の羅列でなくなるのは、まさに、史観という主観の統合作用による。それが同時代には充分に発揮されない。そのために同時代史が生れにくくなる。かりに、もし書かれても、それこそ未整理な主観に翻弄されて客観性をもつことが困難である。

あるがままのことを知るというのは、思いのほか難しいということがわかる。

＊

前にも引き合いに出したが、イギリスの十七世紀に、ジョン・ダンという〝風変りな詩人〟がいた。そう思ったのは、同時代の人たちである。百年くらいたった十八世紀でもなおそれに近い受け取り方がされていた。十九世紀の中ごろに、『ゴールデン・トレジャリー』という詩歌選集が編まれた。今世紀になってもなお広く行われていて、イギリス人の詩的感受性を規定したといわれるほどの影響力をもった。この『ゴールデン・トレジャリー』にはダンの詩がひとつも入っていない。十九世紀になってもなお認められていなかったことがわかる。普通ならこれまで、となるところである。

ところが、二十世紀に入ってから、十七世紀についての新しい文学史観が提唱された。グリアソン教授による。これによって、人々は十七世紀文学を見る新しいパースペクティヴを得た。それによると、ダンは俄然きわめて面白く見えてきたのである。人々は競ってダンを読み、それがいかに現代的新しさに満ちているかに目を見張った。どうして三百年近くも放っておかれたのか、首をかしげ、昔の人の目のなさを軽蔑した。

新しい史観が生れなければ、ダンは眠り続けたにちがいない。目をさましたダンが朝の景色のように新鮮であったとしても、それは、ダンがもともと二十世紀的に新しかったわけではない。むしろ、読者がかけた眼鏡が新しいから新しく見えたのだと言うべきである。外見は見る人によって、どのようにでも変る。

このダンの場合、作品が書かれたのはたしかに十七世紀である。しかし、十九世紀末まで、だれもこれを文学として重んじなかった。現在ではダンは大詩人のひとりであるが、だからといって、十七世紀のイギリスにおける大詩人と考えることが許されるか、どうか。

ここで、文学と文書との区別をした方が便利であろう。文書とは、書かれたものすべてを含む。もちろん、文学作品たらんとするものも、紙に書かれ、印刷される限りにおいて、文書である。ところが、これが文学作品になるかどうかは、また別問題である。文学であるか、どうか。それを判断するのは作者ではなくて、読者である。その判定に作者が参加するとしても、ひとりの読者としてである。

現代のように商業的に発達をとげた文学社会では、作者が文書として用意したものは、ほとんど同時に文学として通用する。両者を区別する必要がほとんどなくなっている。

ところが、ダンのような例で考えると、彼の詩を十七世紀文学とすることにためらいを感じないであろうか。なるほど、作品の生れたのは十七世紀である。しかし、本当に詩として評価されるようになったのは、二十世紀になってからである。文学と文書の区別をすれば、十七世紀に文書として成立し、文学となったのは二十世紀である、とすることができる。

文学性が存在していたのに、発見されなかったと見るか、それとも、新しい見方が潜在的傾向を掘り起したと見るか、これは論議を要するところである。

もうひとつ、ここでイギリス文学史上のできごとを考えてみよう。やはり十七世紀だが、二人の有名な日記が残っている。ひとりはサミュエル・ピープスで、他はジョン・イーヴリン。前者は海軍大臣をつとめたが、後者も政治家であった。ピープス日記は一六六〇年から同六九年まで、イーヴリンの日記は一六四一年から一七〇六年までの記録である。ピープスが暗号に近い速記法で日記をつけたことも後世の好奇心を刺戟した。もちろん二人とも、これを文学と考えていたわけではない。同時代の人はその存在すら知らなかった。

ところが、十九世紀になると、この「文書」が「文学」化されたらしい。版本が刊行されたのである。ピープス日記は一八一九年に解読され始めるまでケインブリッジで眠っていた。出版されたのが一八二五年である。イーヴリン日記の方は一八一八年に出版された。

百年、百五十年眠っていた「文書」が、ほとんど時を同じくして、一種の「文学」として陽の目を見ることになったのは決して偶然とは思われない。十九世紀の初頭に、ある種の文書を文学にする新しい視点が生れた、と見るべきであろう。その視線を浴びて、それまではたんなる古文書と思われたものが、興味ある文献と見えてきた。「世の中が変った」「再評価」「歴史的発見」などということばで片付けられるこの現象の裏に、新しい目による異本化がおこっている。

日記をつけるというのは事実である。その結果生れた日記も事実であるが、これらがそのままでは歴史にはならない。歴史的事実になるには、第三者、あるいは第三者群による解釈、評価という加工を受ける必要がある。文書は自然状態の事実であるが、文学は加工された人間的事実というわけだ。

ピープスやイーヴリンの日記は十七世紀では文書であったが、十九世紀において文学に転換した。このように文書の発生と文学の発生にズレのあるのは、かならずしも例外的ではない。

＊

物理学に転換点ということがある。たとえば、ある金属を加熱する。温度が上るに反比例して電流の抵抗が下る。ところが、一定の温度を超えると、こんどは逆に抵抗が大きくなる。この逆転をおこす温度が、この場合の転換点と言われる。

量的な変化から質的な変化へ切り換わるところが転換点というわけであるが、似たことは歴史的変化においても見られる。服飾などの流行において、三年前のものはすでに時代遅れである。十年前のものはいっそう時代遅れになる。こうして古くなればなるほど古臭いものと思われるが、ある古さに達すると、古いものがいやがられるよりは、むしろ、古いから価値があるというように見方が変ってくる。歴史的価値が生れる。

文書についても同じことが言えるであろう。古くなった文書は反故も同然である。古くなればなるほど、つまらない屑になる。それがあるところで、古いが故におもしろいと思われ出すことがある。そのとき文書は転換点に遭遇したのである。それまでとは、まったく違った見え方をする。

比較的新しい文書はまだその価値転換を知らない。同時代史というものが生れにくい、かりに生れても、普遍的価値をもちにくいのはそのためである。近いものは歴史づくりに参加できない。

文学が歴史的存在となるには、すくなくとも転換点を一度はくぐっていなければならない。というのは、ひとつの文学にとって転換点は一度だけではなく、何度も訪れると考えられるからである。それが評価の浮沈、変遷という現象をもたらす。

すべての作品は生れて二、三十年すると、一種の冬眠状態に陥る。そしてそのまま永い眠りに入ってしまうものが実に多い。しかし、いくつかの冬眠作品は春がやってくると、新しい芽を出す。この春こそ転換点というわけである。

われわれは即時性の判断が不得手なのであろう。あまりに近いものはよく見えない。時間によっておのずから決する価値がもっとも重要なことが多い。本当の現代史は書かれない宿命をもっているのである。

*

文学史、とくに、古い時代の文学史を見ると、悲劇的な作品ばかりが目につく。どうして昔の人は悲しんでばかりいたのかと思う。笑ったり愉快になる作品がなぜこんなにすくないのかと不思議になる。

そういう文学史になれていると、歴史に残る、したがって、すぐれた作品には、悲劇的なものが多いのは当然のように考えられてくる。さらには、悲劇的なものの方が喜劇的なものよりも芸術的に価値が大きいのかと思われてくるかもしれない。実際に、何となく、悲劇の方が喜劇より高尚なように扱われている。やはり、その原因は文学史にある。文学史が悲劇的文芸を多く記録し、評価しているから、いつとはなしに古典性と悲劇性とが呼応するようになったのであろう。

問題はすこし違ったところにあるように思われる。なぜ、悲劇が古い時代の文学史に多くあらわれるのか。どうして、喜劇がそれほど多くないのか。ジャンルとして喜劇が悲劇に劣るためであろうか。こういう問題をわれわれはあまり考えない。

悲劇作品が喜劇より多く古い文学史に残っているのは、今日的意味で芸術としてすぐれているためではなさそうである。歴史のふるいにかかっても捨てられないものが、より多く含まれているからである。残るから、それに価値が生じる。価値があって残るのと、残るところは同じだが、意味するところは、はっきり違っている。

笑いはきわめて社会的である。つまり、文化的である。時代や環境の条件に敏感に反応するとともに、そういう条件が大きく変化すると、そもそも笑いとしては存続できなくなってしまう。笑いはピストルの弾丸《たま》のようなもの、至近距離ではおそろしい威力を発揮するが、遠くは届かない、といったイギリスの喜劇論のことばを再び思い合わせる。

アメリカ人の笑いは日本人にはピンとこないことがすくなくない。同じ日本でも、明治の人のおもしろがったものがいまはすこしもおかしくないということもある。喜劇的性格は時と処を選ぶ。

それに対して悲劇の涙は時代を越え、国境を越える。それだけ動物的、人類学的だということになろうか。百年たっても悲しいことは悲しい。昔の人が涙を流したことはいまも泣かせる。そういう要素を多くもったものが古典性、普遍性を帯びやすいのは当然であろう。

言いかえると、悲劇的表現は異本をつくりやすい。新しい読者による新しい解釈、歪曲に対する抵抗力もつよいということである。喜劇は異本をつくると、それによって作品の生命力が衰弱する。つまり、悪い異本になりやすい。それで歴史的には短命になる。文学史上、悲劇ほど多くの喜劇が残っていないのは、ひとつには、この異本への適性の欠如によるものである。

異本への適性が弱いのは喜劇ばかりではない。諷刺は喜劇以上に異本として残りにくい、すぐれた異本をつくりにくい。新しい解釈の余地が限られているということでもある。古典として万人の認める諷刺文学がきわめてすくないのは、このことを裏付けている。諷刺もまたピストルの弾丸である。喜劇よりももっと射程距離の小さなピストルかもしれない。諷刺の対象となっている事情が読者にわからなくなれば、たちまち、諷刺の力は失われる。悲劇のかなしみが時間と空間を軽々と飛越するのと好対照である。

おもしろい例は、スウィフトの『ガリヴァー旅行記』である。これは、もともと十八世紀イギリスの政治諷刺であった。したがって、次の時代には文学であることをやめても不思議ではなかった。諷刺は古典として生きのびるのは困難なのである。ところが『ガリヴァー旅行記』は目ざましい変身をとげた。

空想的写実小説として読まれ出したのである。諷刺から空想物語へと、ジャンルの転換が行われた。ジャンル的異本と称してよい。日記が文学として読まれるのも、歴史的記録が文学と見なされるのと同じく、ジャンル的異本である。
このジャンル的異本によって『ガリヴァー旅行記』は、諷刺としては考えられないほどの古典としての長命と普及を見ることができるようになった。それほどはっきりした異本化ではなくとも、文学史上の作品はいずれも多かれ少なかれ異本化作用を受けた結果の姿である。文学史は異本の集大成だということになる。あるがままの作品を記録しているのではない。

*

はじめは文書であったものが、時が経ち、転換点を通過して文学と見做されるようになったとする。後世の文学史は当然、これを登録するであろう。それはよいとして、その年代をいつにするかは問題になってよいことである。その記録が生れたときにきまっているではないか、と言われるかもしれない。それなら簡単である。文学史がそういう発生主義をとっているために、実は異本が文学史を形成しているという事実が見すごされているのである。はじめの年代では、その記録はまだ文学ではなく、文書だった。それを文学として扱うのは不正確といわなくてはならない。

ピープスやイーヴリンの日記は十七世紀につけられたものである。しかし、その当時、これを文学と見る人は、当人たちを含めて、ひとりもいなかったに違いない。十九世紀のはじめに転換点があって、そこで、これらの文書が文学的性格を帯びるようになった。それにもかかわらず、文学史は十七世紀において、日記文学が誕生したという記述をしてはばからない。しかし、実際には十七世紀に日記文学が現われたのではなく、そのもとになった文書が生れたとすべきである。

ジョン・ダンの場合は、もうすこし微妙である。ダンは、はじめから自作を文学と考えていたと思われる。しかし、世人はこれを認めなかった。二十世紀に入ってから、この作品に転換点が訪れて一躍、新しい魅力が注目されるようになった。十七世紀の詩と見れば、そこへ今世紀のダン研究家の〝発見〟した〝現代詩〟的特質を負荷させることは困難である。ダンの形而上詩は十七世紀の作品であるが、同時にきわめて二十世紀的でもある。これを単純に十七世紀の形而上詩と規定して、すましているわけには行かない。だいいち、〝形而上詩〟という名称そのものが、十八世紀になって与えられたもので、ダン自身は知るべくもなかったのである。

『ガリヴァー旅行記』は諷刺小説であった。現在は世界の子供が読んでいる。児童読み物という事実は否定できない。それだからといって作品発生時にさかのぼって、これを少年少女のための作品であったとすることは不可能である。諷刺小説の『ガリヴァー』と、いま子供の読んでいる『ガリヴァー』とは、同一作品にして、同じではない。

これらの諸作品では、いずれも文書の発生と文学の成立との間にかなり大きな誤差がある。文学史は、文学成立以後においてとらえられた性格を文書発生時にさかのぼってこれに付与しようとする。一種のアナクロニズムである。しかも、そのことがほとんど反省されていない。文学史の記述が歴史的錯誤に満ちたものになるのは必然である。これは文学史だけではなく、その根幹となっている一般歴史においても事情はほぼ変らないように思われる。

ただの日記であれば、文学史の扱うところとはならない。文学となった日記はもとのままとは違う。それを忘れて、その日記の書かれた時点の姿を究明しようとするのは、文書調査ではあっても、文学研究ではない。文書調査を文学研究と誤解しがちなのが文献学的方法である。

時間と空間

人の噂には尾ひれがつく。ほんのちょっとしたことが何人かの口を伝わって行くと、とんでもない風聞に化ける。どうしてそうなるのかわからない。口伝えにする人たちは、とくべつデマをでっち上げようといった意図のないことが多い。それでもデマは生れ、広がる。

本にも尾ひれがつく。ただ、噂話と違って、たちまち尾ひれが大きくなって、もとの正体がわからなくなってしまう、というわけではない。

それでも、時間がたつにつれて、すこしずつ、しかし、着実に何かが付着する。読んだ人の感想ははっきりした形、たとえば、書評とか感想文とかにならないことが多いけれども、反応はかならずある。その反応が本にすこしずつ、まつわりつく。

本の方で余計なものがくっついては迷惑だと言っても、払い捨てることはできない。読まれたくない本などというものがあるわけがない。読まれる以上、読んだ人の反応が本に及ぶのはどうすることもできない。本はしだいにこの反応の層に厚く包まれることになる。

古来名作として伝えられる作品なら、いずれも、この読者の解釈という外衣を幾重にも身にまとっているはずである。時を経た後世の人間にとって、作品の生れたときの姿をそのままに再現することはほとんど不可能である。解釈という衣裳は脱がせようとすれば脱がせることのできるものとは違って、すでに、作品の肉体の一部と言ってよい状態になっているからである。

もちろん、読者の解釈という衣裳をまとえば、作品がどれも一様にふくらんで長い生命をもつようにきまっているわけではない。雪だるまのように大きくなって行くのは、むしろ例外的である。大部分は、解釈を受けて、あるいは新しい見方にさらされると、それに窒息するかのように、本体は活力を失ってしまう。つまり、消滅する。それをわれわれは忘れられた作品と呼ぶ。大部分の表現のたどる運命はこの忘却である。

読者の解釈が加わったものは、たとえ、それがどんなに小さな変化であっても、もはやもとの形ではない。異本である。こうして、読者の数だけの異本が生れることになるが、多くの読者の反応は、はっきりした異本の形をとらない。ところが、そういう形にならない異本も、時がたつにつれて凝集し集積体としての異本になる。近くで見ると、澄んでいる春の空気が、遠景で見ると霞んでいるようなものである。

人間は異本をつくらずにはいられない動物のようである。もっとも、独力で、はっきり異本とわかるものをつくることは稀で、たいていは、自分でも気付かない小異本になる。それが集積して収斂すると、はじめて異本として意識されるものになる。

異本は原形を歪めるものであるという考えから、復原の試みが行われる。かりに、原形を再現し得たとしても、それで異本をすべて切り落したことにはならない。復原という新しい異本が生れるに過ぎないのである。一切の表現は異本を食うことによってのみ生きる。異本をはなれては、片時たりとも生命はない。過去の作品を虚心にながめるならば、異本の必然性を認めないわけには行かないであろう。

すばらしい人気のある小説がある、とする。これだけもてはやされていれば、さぞかし後世に残るであろう、と考えるのが人情というものである。ところが、三十年、五十年経ってみると、過去の大ベストセラーが夢のように消えて、名前すら残っていないのである。流行ほど当てにならないものはない。そういって歎くこともできる。歴史の気まぐれに帰することも可能であろう。

一方、発表当初はさんざんな酷評を受けて、作者を失意のどん底につき落したような作品が、時の経つにつれて真価が認められて、ついには大作と見なされるようになったりする例もすくなくない。古典と言われるもので、こういう経過をたどるものが案外多い。

＊

こういう例を多く見ていると、同時代批評がいかに頼りないものかを痛感する。生れたばかりの作品がどういう価値をもっているかを品定めするとき、われわれはとかくひどい的外れなことを考えやすいらしい。まだ、異本が生れていないからである。あっても、それを参考にできないためである。価値は異本に附随する現象であって、客観的にはじめから表現に内在しているのではないと考えられる。

新しい作品の評価をするには予言者の資質を必要とする。それを忘れた同時代批評は後世のもの笑いになる覚悟がいる。同時代文学史が書かれないのも、そういう覚悟をした史家が出ないということである。文学史だけではなく、歴史そのものが、現代に近づくにつれて、ものがはっきり見えなくなり、記述が困難になる。歴史もまた異本によって書かれ、異本によって読まれるものだからである。

ひとつの作品が生れる。読者に読まれる。異本、目に見えない異本群が発生する。それがある時間の経過、たとえば、三十年たったところで、作品の運命にどのようにかかわりをもつか。三十年先のことは予知できない。だからこそ、文学史上に恥をさらすような同時代批評がくりかえし、くりかえし生れるのである。

異本の集積された結果の価値を予知することはどうしてもできないことなのであろうか。

本の運命は古典として生きつづけるか、湮滅するか。二つにひとつである。ただ、それが充分長い間待って、異本が出揃うまではっきりわからない。いかにも情けない話である。

これは従来、われわれがことごとに異本を目のかたきにしてきたためであると思われる。異本に仕返しをされているのである。異本を直視して、その習性、法則を引き出すことに成功すれば、現状よりはたしかに、未来の価値を予知することができるようになろう。古典か忘却か、についての洞察をもつことができるようになるはずである。

ところが、いまのところ異本のルールについては何ひとつわかっていない。デマの社会学的研究はこの問題に側光を投げかけてくれる効果はあるが、聴覚のコミュニケイションと文字による理解との差もあって、異本の解明は独自の分野としなければならない。

理論として、異本の法則性については何もはっきりしていないが、歴史的予知の成功している例はいくらでもある。歴史的洞察に富んだといわれる人ならば、意識しないところで、異本化のルールを心得ている。それを考慮に入れてものを見る。その結果の評価が時の試練に耐えて生き、古典的解釈になる。

見方を変えれば、歴史とは、こうした異本の収斂したものに過ぎないと言うことができる。異本化のルールの一端は歴史から引き出し得るはずである。古典として残っている作品は異本のルールによって古典となったものばかりである。その誕生から古典として確立するまでの足どりを跡づけて見れば、異本化がどのような力学をもっているかについて、貴重な知見を与えられるであろう。たとえば、『源氏物語』の研究史はそういう手がかりとしてきわめて興味あるテーマになる。あるいは、シェイクスピアの評価の変遷も好箇の研究分野となるであろう。

歴史的時間は異本をつくり、その異本によって歴史が書かれる。

＊

作品は時の流れの中を流されて行く間に尾ひれがつくのだが、横に空間を移動するときにも尾ひれはつく。さきにのべたデマの伝播はまさにそれで、本にも同じ力学が及んでいると考えるべきである。ただ、噂のような口頭コミュニケイション、しかも話者と聴者とが順次役割を交代して行くのと違って、本と読者の関係は固定的である。したがって、尾ひれもデマのような自由奔放なものではない。

時間の軸において認められる尾ひれは、空間の軸でも認められる。しかし、その異本の許容範囲がおのずから限られているために、噂や流言蜚語とは同じように考えることはできないだけである。

作者がもった作品の意図はどんなに細かく表現されていても、厳密に言って、読者にはその通り伝わらない。第二次資料、作者のメモ、日記、直話などが加わってもなお、作者の創作の意図は読者には不可知の世界である。作品の意味も読者は作者とは多少ともかならず違ったものとして読みとっているであろう。「正しい」意味は読者には伝わらない。とすれば、「正しい」意味とは作者の意図にとどまるものであって、いわば主観的存在である。ひとりの主観にとどまるものを正しいと判断することは、だれにもできない。もしできるとすれば、それは宗教である。

作者の意図を「正しい」ものとして、絶対視するならば、それは文学ではない。文学という名の宗教になる。

作者に対して読者のもつ理解が異本的解釈であるばかりではない。ひとりひとりの読者が、めいめい違った解釈をしている。どんなによく似た精神構造をもった二人であっても、ひとつの作品に対して下す解釈にはかならず差があるはずである。普通は、そういう小差は切り捨てて、大同について議論されるから、いかにも同じ解釈があるような錯覚がおこるだけである。

もし、二人の読者がある作品について、まったく同じ読み方をしたとすれば、二人のうちのどちらか、あるいは両方が、人間としての条件を欠如していることを暴露する。よく個性が乏しいといわれるが、これほどまでに没個性な人間を探そうとしても、きわめて困難、不可能であることがわかる。われわれは意識せずに、自覚しないで、個性的なのである。どんなに自分を捨てようとしても、自分だけの見方をしないではいられない。

われわれはだれしも自分だけの異本をつくっている。ほかの人の異本とは多少ともかならず違っている。ひとりの人のつくる異本は、その人間の生い立ち、教育、ものの考え方、感じ方、生活の細部などによっても影響を受ける。こういう影響条件がそっくり同一である人間をほかに求めることは不可能である。双生児といえども同一ではあり得ない。

一般に同じ解釈というようなことが言われるのは、近似値的異本の重なり合う部分だけをとらえた結果にもとづく判断である。立場が違えば、見えるものはかならず違う。これまで、その違いを不要なものとして無視してきたために、個人差が抹殺されてしまった。偏差に着目しさえすれば、歴史的異本とは別に社会的異本もあることに気付く。

ベストセラーの研究は小規模な社会的異本の実態を明らかにしてくれる。同一社会内において、横に異本が異本を誘発し、話題が話題を呼び、評判になって流行をつくり上げる。ベストセラーをつくろうとしてベストセラーが生れることも、ときにはないではないが、多くは作者や出版社の意表をついて、ベストセラーが出現する。異本的現象である。

ベストセラーづくりが成功している場合、関係者には社会的異本の原理が、そういうこちたき形ではなしに、勘でとらえられているはずである。そうでなくてはベストセラーにならない。大当りをとろうという出版者は他方の歴史的異本のルールには勘が働かないことが多い。一時に売れさえすればいいと思っている。逆に、良書を出すことに生甲斐をもつ出版者は、社会的異本による人気をむしろけがらわしいもののように感じがちである。ベストセラーは低俗で、良書はおもしろくない、という常識はこんなところから出てくるのであろう。

*

ベストセラーが小規模な社会的異本現象の結晶だとするならば、外国文学の受容はスケールの大きな社会的異本の事例をふんだんに提供してくれる。

外国文学の研究は、しばしば、先進文化圏の作品を対象として行われる。はじめから読者の側に劣等感が作用しがちである。それで作者の考えた通りの意味を読みとろうとする。外国のことばで書かれたものが完全にわかるのは至難である。わかったと思った意味も作者の意図と同じであるという保証はどこにもない。

そういう困難な立場におかれているにもかかわらず、外国読者は、ひたすらこれ誤りなからんことを期す。同国人読者以上に求心的な読み方をしようとする。異本をつくることを怖れるのである。

近代文学が作者崇拝の宗教に堕しやすいことはすでにのべた通りであるが、外国文学の読者はそのもっとも熱心な信徒と言えるであろう。このために、大規模な異本現象の目撃者でありながら、それに目をふさいで、ひたすら文献学的方法に固執する。外国文学の研究がとかく外縁の瑣末なことにかかずらわなくてはならないのはこのためである。文学の中核にふれる仕事と無縁になりがちなのも、本領である異本を避けて通ろうとしているからだと思われる。外国文学の研究者こそ、社会的異本についての専門家でなくてはならない。

〝翻訳〟は、もっともはっきりした形をとった社会的異本である。理論的には翻訳不可能説がとなえられながらも、いつの時代にも翻訳がある。それはだれも否定し得ない。原語で読めない人たちのためのやむを得ない方便として翻訳が許容されているようなところがあるが、翻訳にはもっと積極的な意義がある。

社会的異本の諸要素を含まずには翻訳はできない。明治時代に出たシェイクスピア翻訳と現代のシェイクスピア翻訳とが、同一作品をもとにして、どうしてこんなにも違うかと思うほど違う。訳者の背負っている社会的条件、とりわけ言語的風土に変化があるためである。同じ現代においても、二人の訳者のシェイクスピア訳はかならず持ち味が違う。同じでは存在価値がないから、つとめて特色を出そうとすることもある。それがとりもなおさず社会的異本である。

いわゆる翻訳をしない人が、原語で作品を読んでいても、一種の翻訳は行なっているものである。外国語を母国語に置きかえながら読んでいるというのではない。多くの外国語の読者は頭の中でいわゆる翻訳に近いことをしているけれども、ほとんど母国語を介在させないで外国語を読む人もかなりある。そういう外国語読書のベテランたちにしても、やはり、理解するのは社会的異本の範囲を出られない。つまり、広義の翻訳だということになる。

そう言えば、外国語でなくて、母国語で読んでいる読者にも、程度の差こそあれ、同様の異本化がおこっていることを承認しなくてはならなくなる。母国語の読者もまた〝翻訳〟をしながらでなければ作品を理解できない。すべての読者は翻訳という社会的異本と無縁ではあり得ない。

外国文学の社会的異本は母国語読者に比べて偏差が大規模であるから、はっきり外見にもあらわれる。本国ではさほどに評価されない作者や作品が外国で人気があったり、その逆であったりする。作品にも国境を越えにくいものと、楽々と越えるものがある。越えにくいものは社会的異本に耐えにくく、国際的評価を獲得しにくい。それに対して、越えやすいものは、より幅広い包容力をもっていることを暗示する。

外国文学のおもしろさは、社会的異本のおもしろさである。異本を目のかたきにして外国文学のおもしろくなるはずがない。

＊

ここで、歴史的異本と社会的異本の関係を考えてみたい。

歴史的異本は、作品があらわれてから、三十年、五十年経たないと、はっきりした収斂を示さない。古典になるか、忘却の淵に沈むか。そのときになれば放っておいても決着がつく。それまで待つほかはないようだ。

将来のことはともかく、いま現に古典になっているものがおびただしくある。それがどのようにして古典になったのか。はじめはどういうものであったのか。一部はさきに触れたような見当違いの同時代批評として形をとどめているが、大部分は目に見えない異本である。その実際を知りたくても、過去を引き戻すことはできない相談である。古典形成は歴史の秘事としておくほかなくなってしまうのが多いのは、このためである。

それに引きかえ、社会的異本は同時的現象である。もっとも大規模な外国文学の異本にしても原形との比較調査は可能である。われわれは過去へは行くことができないが、どんなに遠くても外国なら訪れることは可能である。歴史的異本の古典の場合、これを原作と比較することは困難であるが、社会的異本としての外国文学の名作は本国の評価と対照するのは簡単である。

実際には、しかし、外国文学が異本的解釈の上にのみ成り立つことを忘れる。あるいは、考えまいとして外国の作品が読まれるために、問題が明確にならないのである。もし、社会的異本ということに注目するならば、当然、本国の評価とは大きく食い違うはずである。距離の生じた異本である。本国では新しい作品はまだそういう距離から見ることを許されていない。

その本国においても時が経つにつれて、歴史的異本が生じる。古典になるものはなり、忘れられて消えるものは消える。これも距離のために生れた評価である。社会的異本の結晶が普遍的作品である。歴史的異本の収斂したものが古典的作品になる。両者は相関してよい。社会的異本は同時発生である。歴史的異本は時差発生で、後にならないとわからない。将来その歴史的異本がどうなるかをいま知ることができれば、どんなに好都合か知れない。現代文学史も可能になる。

時間の軸で起ることを空間の軸で起っていることによって判断することができないか。外国文学について下す評価は社会的異本、つまり、空間の軸での現象である。

それと同じくらいの距離をもった時間の軸で歴史的異本の収斂が起るとすれば、社会的異本と歴史的異本の向う方向は同じであると考えてよいように思われる。空間の軸の距離を現在を起点とした時間の軸に移せば、現時点において将来の古典形成期にどのような異本が生れるかをいくらかでも予測することができる。すくなくとも見当はつく。

かくして外国文学の研究は作品について、その運命を占うことで自国文学の研究方法に貢献できる。それと同時に、外国文学の本国に対して、歴史的異本の収斂点を予測する先見性によって、独自の発言権を確保することが可能になる。かりにいま、そういう社会的異本の解釈を提出しておけば、五十年くらいして、本国においても、それに酷似した異本があらわれ、作品の運命が大きく変るということが起ることが期待される。そういう符合が続々と起れば、外国文学研究の地位は格段に向上する。

それが決してたんなる白昼夢でないことは、明治以降の一世紀にしかすぎないわが西欧文学受容の歴史においてもその例が再三見られるのをもってしても、ほぼたしかである。

この場合、外国文学があまり近接していてはおもしろくない。古典的異本の生れる程度に匹敵する空間的距離が必要で、わが国における西欧文学は、それに適した大きな距離に恵まれているように考えられる。

一斉開花

〝下らない〟は、元来、酒について言ったことばだという。

上方でつくられた酒が船で江戸へ〝下る〟。あるいは馬ではこばれる。その間に、樽の木の香が移って、酒に芳醇なコクが出てくる。ところで〝下らない〟酒はそういう味わいがないから、つまらぬ、の意が生じたものらしい。酒もでき立てより、しばらく、時間がたってからの方がおいしい、ということを認めている。地理的にも移動した方がよいという考えを暗示しているのがおもしろい。

〝下らぬ〟のがいけないのは酒だけではなさそうで、文学作品についても同じようなことが考えられる。

生れたばかりの作品は、どことなく、味わいに欠ける。まだ、時間と歴史の道中を下っていない〝下らない〟状態にあるからであろう。十年、二十年経つと、おのずから、歴史的連想をともなって、奥行きを感じさせる。

もとの作品とは違うから、〝下った〟作品はすべて異本でなければならない。逆に言えば、まだ、異本を生じるまでになっていない作品はすべて〝下らぬ〟ものだということになる。

ただ、酒とは違って、〝下った〟文学作品のことを、原形の乱れと受け取る考え方がつよい。研究も〝下る〟前の状態にもどすことに努力を注いできた。おいしい味の一部は、〝下った〟ために生じている。異本の効果である。それを〝下らない〟前の状態に返して究明しようとするのは理論的にも矛盾している。

江戸へ下ったお酒が芳醇であったとしても、それが倉出しのときにあった味であると思うのは当を得ていない。〝下る〟道中に付加されたものだからである。

作品も、本当に偉大であるかどうかは、〝下って〟みないとわからない。時間の経過をくぐってきたものでないと判定が困難である。同時代批評が多くの場合、その作品の決定的評価になり得ないのはそのためであろう。書かれた時点でその作品の歴史的価値をトすることは、これまでの、作品の源泉を明らかにすればすべてが解決されるとするような文学研究法では、とうてい不可能になる。

そのために、文学作品が古典たりうるかどうかという審判は、後世の、しばしば名もない読者群の手に委ねられてきた。異本を無視し、むしろ敵視したからである。くりかえしのべることになるが、作品が古典となるのは、異本によってである。原稿のままで古典になった作品は人類の歴史が始まって以来一度もなかった。

古典になった作品の方が、湮滅してしまった作品よりすぐれているというのは常識であるが、もし、そうだとすれば、古典となるきっかけである異本を肯定しなくてはならない。テクストに関しては、原稿に近いものを正確と考えるのは当然である。

ただ、作品の意味、解釈について、作者の意図を絶対視する考えに立てば、古典成立は事実上否認されることになる。すぐれた作品はつねに複数の解釈を予想、容認する。絶対的意味をもつ表現は、すくなくとも、芸術作品であることを断念しなくてはならない。数学の定義にはさまざまな受け取り方があっては不都合であろう。異本はあってはいけない。そのことがとりもなおさず、数学的定義が文学たり得ない理由になる。数学書を読んで表現に感動するのは正常ではない。

作品が〝下って〟行く異本化の道中は、いつも春ばかりとはかぎらない。秋もあり、冬もある。春ならば、新しい芽が出て、花をつけるが、秋から冬にかけては、かつてあった花も散り、葉も落ちて、一見、枯木のようになる。これも異本化の一局面で、その節目、節目に転換点が考えられる。

これまでは文学作品を発生の時点に固定して、静止的にとらえてきた。それで、作品の歴史的生命現象が見のがされ、ひいては、その運命について判断を誤らせることにもなっている。作品の〝下る〟姿に関心をもつならば、異本はきわめて興味ある存在と映るはずである。

＊

作品について言えることは、個々の単語についても言える。ひとつの語が生れる。生れたばかりの単語はいいも悪いもない。多くは醜悪だと毛嫌いされやすい。味わいというものに欠けているのは、まだ〝下っていない〟からである。そういう新語も長く使われていると、おのずからニュアンスがただようようになる。新しい語義も派生する。あるいは誤用と考えられるものが飛び出すかもしれない。そういうもろもろの現象を清濁あわせ呑んで、ひとつのことばは歴史の流れの中を〝トって〟行くのである。

もし、新しい派生語や用法が生れないようなことばであれば、単語として確立しないおそれがある。新しい語はひとしきり流行したまま、姿を消す。しばらくは人気を博しながら、いつとはなしに忘れられていく話題作に似ている。

ことばには正しい用法がある。それを外してはいけないのは常識であるが、ときに、そうなっていないことがおこる。〝とても〟というのは、後に否定をともない、〝とても考えられない〟というような使い方をするのが本来の用法であった。ところが、明治になってから、肯定とともに使う〝とてもおいしい〟というような慣用ができた。その当初は、心ある人をして、腰を抜かすほどに驚いた、と言わせたこの新語法も、いまは、ごく普通になってしまった。〝とても〟の異本は承認されたわけだ。

文法には合わなくても、後世の多くの人が支持する異本ができれば、文法の方が譲歩してかわる。こういうようにして、新しい異本は原形を崩す。そういうと、それでは正用法は存在し得ないではないか、と心配する向きがあらわれるかもしれないが、その心配は無用である。いくら異本化を放任しておいても、正用法がどこへ行ったかわからなくなるようなことは決しておこらない。自然に収斂する。いま使われている単語、ことばで、そもそもの初まりの意味をそのままそっくり受けついで、その枠外へすこしも出ていないという例は、ひとつもないに違いない。それでいて、辞書は語の定義をしている。自然発生にまかせた異本的語義もおのずから落着くところに落着くからである。異本を認めたら、収拾すべからざる混乱がおこるように考える人は、辞書をながめて心を安んじることができる。昔は辞書も文法も本として見ることはできなかった。めいめいのことばの使い方はきわめて活潑な異本化作用によっていたと考えられる。それにもかかわらず、バベルの塔のようなことにはならなかった。異本は収斂する。そして収斂した異本のみが歴史をつくり、文化を形成する。

文学作品における古典は辞書に載っていることばの語義に相当するものだと考えてよい。

単語の異本化、普通の言い方をすれば、派生語の発生は、おもしろい現象を呈する。ある時代へさしかかると、急に、派生語が多くなるということがあるのだ。これを具体的にのべるには、信用のおける初出年代をあげている辞書によるほかはないから、

『オックスフォード英語大辞典』によって、〝アート（Art）〟を例にとって考えてみる。この語はごく古く一二二五年に生れているが、新しい異本的意味は十九世紀まであらわれなかった。そして十九世紀になると、artesian（1830）, artifact（1821）, artistic（1753）, artistical（1801）, artistically（1836）, artistry（1873）などが続々とあらわれる。そして、一八八〇年に、ほぼ現代的意味と考えられる〝アート〟の用法が生れる。長い間眠っていた語が、十九世紀になって、あちらこちらの枝に一斉に花をつけたという観がある。

どうしてこういうことが起るのか。異本化についての興味ある現象だ。

＊

ここにのべた単語の派生語義がある時期に頻発するというのに似たことは、文学者の作品についても見られるように思われる。

ウィリアム・シェイクスピア（一五六四―一六一六）の全集は死後七年の一六二三年に出版された。第一フォリオと呼ばれるものである。第二フォリオは一六三二年、第三フォリオは一六六三年、第四フォリオが一六八五年と次第に間遠になって、十七世紀を終る。

それから二十年余り経って、一七〇九年にロー編で全集が出る。ついで一七二五年にポープ編全集があらわれ、一七二八年にポープ編新版全集、一七三三年にシボルド編第一全集、一七四〇年にシボルド編第二全集、一七四四年にハンマー編全集、一七四七年にウォーバトン編全集、一七六五年にジョンソン編全集、一七六八年にケイペル編全集、一七九〇年にマローン編全集、一七九三年にスティーヴンズ編全集というように出版され、これで十八世紀が終っている。

一七四七年までと、一七六八年、そして、九〇年代と三つの時期に分かれる。それぞれの時期に全集出版が相ついでおり、切れ目では二十年ほど休んで、また立てつづけに出るという現象が見られる。どうして、同じような頻度であらわれないで、濃淡ができるのであろうか。

異本（新しい全集出版はまさしく新しい異本の出現である）は、あらわれるときにはどんどんあらわれるのに、出ないとなると、ぱったり止んでしまう習性をもっているらしい。やはり、背後の社会、時代を考えざるを得ない。

全集が異本なら、文学者、作品についての研究批評はさらに規模の大きな異本であるが、ひとりの文学者についての研究のあらわれるのも時を選ぶように見受けられる。それまでは散発的に出現している鑑賞批評が、ある時期に来て急に続々と出てくるということがある。異本の花の咲くのも時期がきまっているのであろうか。

たとえば斎藤茂吉である。茂吉は昭和二十六年文化勲章を受け、翌年から五十六巻の大全集が発刊され始めるという芸術的栄光につつまれて、昭和二十八年に満七十歳で没している。ところが、この全集はただちに茂吉の文学的偉業の再評価に結びつかなかった。むしろ、どちらかといえば、戦後の混乱期の中にもまれて、いくらか不遇であったかもしれない。戦争協力していたために、批判にさらされた。

新しい茂吉が研究の形で次々あらわれるようになるのは、没後十年くらいしてからである。佐藤佐太郎の研究（昭和三二年）を皮切りとして、本林勝夫（三八）、斎藤茂太（三九）、上田三四二（三九）、米田利昭（四〇）と続く。ここで数年息を入れて、梶木剛（四五）、本林勝夫（四六）、藤岡武雄（四七）、岡井隆（四八）、佐藤佐太郎（四八）、山上次郎（四九）となっている（講談社『日本近代文学大事典』斎藤茂吉・参考文献による）。

研究者にとって茂吉は戦争直後から昭和三十年ごろまで眠っていたのであろう。目をさまして、昭和三十八年ごろから本格的な異本化作用があらわれ、新しい研究が相ついで出現する。さきにあげたのは、いわゆる研究書であるが、田中隆尚『茂吉随聞』（昭三五）のような人間研究も含めれば、さきのリストはもっと長いものになるに違いない。

全集にせよ、研究にせよ、作者の死後のある時期にかたまってあらわれる。シェイクスピアのように全集が何度も出るというのは異例であるが、十八世紀の間に十一回も出ている。研究になると、茂吉の例のようにもっとはっきり群生して出現することがわかる。

異本が、作品に内在するもののみで生れるのではなく、社会、はっきり言えば、広義の読者との新しい関係によって生じるものであることを暗示している。

＊

個々の文学者、作品にとって、異本の生れやすい時期と、そうでない時期とがあるのは以上の通りであるが、過去の文学全般に対して異本多発の時代というのがある。一方では、異本の発生を抑制しているのではないかと思われる時期もあるように考えられる。

　さきに、コミュニケイション・エンジニアリングの図式に触れて、伝達の途中にノイズがあるとのべた。伝達工学においてはノイズは通信を妨げる雑音であるが、文学伝達におけるノイズは作品表現の理解を成立させるコンテクストの一部である。コンテクストが変れば、同じ表現も意味が違ってくるというのは、現在では意味論の常識である。辞書的意味はコンテクストから一応独立して認められるものだが、生きた具体的表現の意味は、文脈的意味であって、コンテクストが変るにつれ多少とも必ず変動する。

　ノイズに変化が起れば、文脈的意味、つまり、いわゆる意味と解釈は当然変ってくることとなる。それが道理である。この変化は特定の作家、作品にだけ及ぶものでないのはもちろんで、過去のすべての文学現象にひとしく作用するものと考えられる。

　したがって、そこでは一斉に新しい解釈があらわれなくてはならないはずになる。かりに、新しい宗教思想が社会の大勢を占めるようになったとする。それを肯定した人々にとって、それまでの、ということは、そういう新思想とは無縁に存在していた文学は多少とも修正を要するものと感じられる。すくなくとも新しいコンテクストの中へ調和、融合させなくてはならない。新しい状況に合わせた解釈が試みられる。それによって、損われる作品もあろう。逆に、かえって、いっそうおもしろくなる作
品もないとは言えまい。

実際に新しい版本が生れる場合もあろうが、そうでないことの方が多い。新しい批評、研究があらわれるともかぎらない。つまり、形をとった異本ができるときまったものではないのだが、とにかく異本が読者の心の中に生じる。

新しい強力な〝ノイズ〟があらわれると、文学と読者の関係も新しくなる。この対読者の新関係はその時代の文学、その後にあらわれる作品の性格を規定するにとどまらない。過去のすべての文学作品との読者の関係を変化させ、作品像の修正を迫る。古いものが新しいものを規制するだけでなく、新しいものが時代を逆行して古いものの性格を変化させる。

ここで、T・S・エリオットの有名な言葉が思い合わされる。「新しい作品は、本当に新しいと言える作品は、過去の作品の秩序にある変化をおこす。これまでの秩序は新しい作品が出てくる前にでき上っているものであって、その新しいものが加わった後もなお秩序が保たれるためには、たとえわずかでも、従来の秩序全体が変らなく

てはならない」（「伝統と個人の才能」）。

新しい読者、本当に新しい読者があらわれれば、その時代の作品、それから以後の作品が、その読者によって作用を受けるばかりではなく、過去のすべての作品と読者との関係も再調整される必要がおこってくる。それまでの文学の全秩序はこの新しい読者が誕生する前にでき上っていたものである。新しい読者の出現を承認するならば（だれがそれを否定できようか。とりわけ、新しい読者のあらわれた時代において、しかり）、その基準をとり入れて全体のゆり落しをする必要がある。

新しい異本群が予想される。新しい性格の古典が生れる。当然、それによって浮ぶ古典もあれば、沈む古典も出てくる。われわれは、これを漠然と「時代の変化」というようなことで片付けてきたように思う。

＊

それでは、そういう、本当に新しいノイズの生れた時代はいつであったか、と問われるであろう。文学における読者の歴史がまったくかえりみられないでいるこれまでの実情からして、いまはっきりしたことをのべるのは危険である。それを承知の上で、なお、無視できない例を思いつくままにあげてみる。

『ベオウルフ』はイギリス最古の叙事詩である。七世紀の作と言われる。北欧から渡来したものだろうと見られる作品であるが、七世紀の写本はおろか、八世紀のものも、九世紀のテクストも残っていない。もっとも古い写本は十一世紀のものである。四百年近くも写本がまったく残っていなくて、十一世紀になる。それ以後は写本がいくつもあらわれるのは、考えてみると不思議でないこともない。

十一世紀といえば、ノルマン人の征服（一〇六六年）があって、イギリスの歴史にとってたいへんな時代である。新しいノイズも発生していたに違いない。それによって、まったく新しい写本が生れたと思われる。その一部が現存しているものであろう。この新しい異本はそれまでの『ベオウルフ』の全異本群に干渉影響を与えたはずである。どうもこの場合は、たんなる変更修正を要求しただけではなく、抹殺も行なったと想像される。それで、それ以前の写本がすべて湮滅してしまった。よほど都合のよくないことがあったと見える。そういう推測をしたくなるのも、十一世紀の写本には、原形にはなかったであろうキリスト教の要素が色濃く出ているからである。この詩はイギリスにまだキリスト教が普及する前の作品と考えられる。キリスト教的異本が生れて、それまでの異教的「ベオウルフ」は消滅してしまったのであろう。

日本の文学史においても同じく目ざましいことが起っている。古い文学の同時代写本がほとんど残っていないことである。それがこれまで、京都における大火によって湮滅したと説明されてきていることはすでにのべた。もちろんそういう事情もあろう。それを否定しようというのではないが、それだけで、これだけの大問題を解決したようにに考えるのはどうも不自然である。焼失で片付けてしまうのは、あまりにも物理的処理でありすぎる。表現の生命にふれる考慮が欠けている。

古い時代の文学作品の写本が残っているのは鎌倉期以降である。言いかえると、平安朝の文学は鎌倉期において、一斉に異本群を発生させたということになる。新しいノイズ、新しい読者が存在した証拠である。さきの章でもすでに触れたように、新しく生れた鎌倉期写本によって、それまでにあった、大火から救い出されたかもしれない写本は排除、消散させられてしまったと考えられる。ちょうど十一世紀のキリスト教的異本によって、それまでの非キリスト教的「ベオウルフ」が消されてしまったのと同じように。

こういう異本多発時代というのは、イギリスにおいて十一世紀、日本において鎌倉期と限ったわけではもちろんない。ごく近いところでは、敗戦を契機として、大きく価値観の変動した昭和二十年からの数年もそういう時代のひとつであった。すこし遡れば、明治の初年、ことに明治二十年前後がやはりそういう時期であったように考えられる。

ヨーロッパで言えば、ルネッサンスというのがここでいう異本多発時期のもっとも大きなものであると解することもできる。そのほかに、イギリスでは印刷術が普及した十八世紀初頭にそれに劣らぬ大きな異本多発層がある。その後でシェイクスピアの新全集が続々とあらわれたのは偶然ではない。

これまでの文学史は、新しい作家、作品の出現によって時代を画してきたが、異本を多発させるか、抑制するか、というリズムに注目して、新しい異本を活潑に生み出す多発層によって区切る方法も検討に値いしよう。異本は作品そのものと同じく創造的であり得る。

古典への道

局外者はしばしばとんでもない見当違いのことを言う。問題についての知識が不足しているからである。それでは、事情をのみ込んでいないときに、かならず誤解になるかというと、そうともかぎらない。傍目八目というように、第三者の冷静さがかえって事態を正確にとらえていることもすくなくない。

それとは別に、責任のない立場から見ると当事者の夢にも思わないようなおもしろさが生じる点も見のがすことはできない。

のぞき、立ち聞きがはしたないこととして戒められてきているのは、局外者の見聞、ことに他人に知られないつもりの事柄をひそかに見聞することが抗しがたくおもしろいものであり、それを求める本能的習性を抑制しようとするものであろう。住居の構造が開放的にできているわが国に比べて、密室をもつヨーロッパにおいては、のぞき、立ち聞き（イーヴスドロッピング）の禁忌がいっそう強いように思われるのは偶然ではない。

秘められた話ほど立ち聞きのしがいがある。わかりはわるいが、かえってそれが好奇心を刺激する。面と向って話されることにはうんざりするくせに、きいてはいけないことだとどうしてきき耳を立てたくなるのか。人間の心の中には天邪鬼が住んでいるのに違いない。

してはいけないことがはっきりしている立ち聞きがしたくなるのは、たんなる天邪鬼のせいばかりではない。立ち聞きには本質的にわれわれの興味をそそる形式がひそんでいる。どういう内容だからおもしろいというのではない。どんなことでも、立ち聞きすることならおもしろく感じられる。形式のもつ美である。

立ち聞きの場合、二つのコンテクストが存在する。立ち聞きする人間の背負っているコンテクスト（B）と、立ち聞きされる人たちのコンテクスト（A）とは独立別箇のものである。

一般に表現が理解されるのは、多少とも同質的コンテクストが背景にあるからである。その同質性が小さくなればなるほど理解の保証もあやしくなる。極端な場合、知らない外国語をしゃべっている人の言っていることはまったくわからない。コンテクストが完全に別々になっていて交わる部分がないからである。また、言語という基本的コンテクストは同一であっても、科学者がその専門について語ることは、専門知識のない人間にとってチンプンカンプンになる。

表現者のコンテクスト（A）を内とし、受け手のコンテクスト（B）を外とすると、伝達が成立するにはこのAとBとがかならず交わっていなくてはならない。その重複部が大きければ大きいほど受け手はわかりやすいと感じる。重なり合う部分が小さいと、わからなくなる。

だからと言って、二つのコンテクストが近接して重なり合っていればいるほどよいとは限らない。二つのコンテクストの同質性があまり大きいと、かえってうるさいと感じられる。おもしろくない。むしろ、両者が適当に離れていた方が興味が高まりやすい。

立ち聞きでは、内のコンテクストと外のコンテクストが物理的に明確に区別されている。ドアが、あるいは壁が、内と外とを隔絶している。普通の対面の会話などに比べると、はるかに彼我のコンテクストの重複はすくない。つまり、わかりにくいはずである。わかろうとするにはとくべつな努力が必要になる。

これが好奇心をくすぐる。何だろう、という解釈作用が発動する。内のコンテクストがよくわからないままに下される解釈だから、どうしても、外側のコンテクストにつよく支配されやすい。内のコンテクストから見れば曲解であり、誤解である。それがそのまま受け手にはおもしろいのである。立ち聞きのおもしろさは、日常生活の次元で異本を認め、その独自の表現価値を承認していることになる。禁じられながらも立ち聞きやのぞき見がいつまでもなくならないのは、異本化作用が人間にとって必然的なものであることを暗示している。

＊

のぞき、立ち聞き、というといかにもさしさわりがありそうだが、そういう人間の本能的衝動に根ざしているものが、すこしくらいの禁忌で霧消してしまうわけがない。昇華されてほかの形式をとらずにはいないのである。

もっとも早く、そして、もっとも明瞭な形をとって公認されているのが演劇である。古代ギリシャの円形劇場の演劇はともかく、近代劇は明らかにのぞきの変形である。部屋の壁の一つを取り払って、そこから客席の観客は集団的に許されたのぞき、立ち聞きをしている。舞台の役者はそれを知らないふりをする約束に立って演ずる。

どういうことが見せられるかももちろん問題になるが、それればかりではない。一応かかわりのないことになっているところで演じられる。それを局外者としてながめる。その形式自体の中に固有のおもしろさがひそんでいるらしい。演劇形式がどこの国においてももっとも早く花を開かせた様式であるのは注目される。

アリストテレスは悲劇の美をカタルシスという作用で説明しようとした。演劇にふれることによって、人間に内在し、蓄積されるある種の本能的エネルギーが発散する。それに伴う快感が芝居のおもしろさとして自覚される。人間は何らかの方法で立ち聞きやのぞきをしないではいられないようにできているのかもしれない。それを洗練された様式によって満足させることに成功したのが演劇ということになろうか。

舞台上は内のコンテクストである。客席は外のコンテクストである。外のコンテクストに立って内のコンテクストを理解しようとする。想像力をかき立てられる。のぞきの好奇心に似ている。夢中になって見ていると、つい、外にいることを忘れて外と内のコンテクストが重なり合うような錯覚をもつ。けだし演劇の醍醐味である。それにもかかわらず、立ち聞き、のぞきである、という基本的性格はあいまいにされてはならない。

近代演劇がイーヴスドロッピングの変形であることは疑問の余地のすくないところであるが、さらに、これがひとひねりされることもある。さきにもふれたドラマティック・アイロニーの技巧である。舞台にAとBの二人がいるとして、互いに話しているとする。Aの言ったせりふがBにはXの意味（通常ごくありきたりの意味）にとられる。ところが、Bの知らない事情をあらかじめ知らされている観客には、Xの意味だけではなく、Bには思いも及ばぬYという意味も同時に了解できることがある。そういうことがある、のではなく、そういう効果をあげるように計算されているとき、ドラマティック・アイロニーと呼ばれる。

普通の観客はのぞき、立ち聞きの立場にある。局外者としての負い目を感じる。おもしろさはともかく、充分に理解し得ているかどうかに不安がある。ところが、ドラマティック・アイロニーでは、当事者よりも観客の方が多くのことを知っていることをはっきり実感できるようにされる。当事者にはXしかわからないのに、局外者がXとYを同時に了解することで優越感を味わうことができる。

当事者の理解が絶対ではない典型的な事例である。これは演劇だけに限らず、人間の営みに広くあてはまるように思われる。観察者、傍観者が意外に深い意味をとらえていることがすくなくない。

もちろん、イーヴスドロッピングは異常な伝達である。ある程度の誤解は不可避と考えなくてはならない。しかし、厳密に言えば、すべてのメッセイジの移動に誤差はつきもので、完全な正解は存在し得ないはずである。

演劇という形式は人間の表現理解についてどこまで誤解が許容されるものかという社会的実験だと考えることもできる。あるいは、誤解の混入する理解がいかにおもしろくなるものかという教育であると見られないこともない。

一般の文学作品についても、演劇の舞台と観客の関係に近いものが成立する。作品そのものは舞台に相当する。内のコンテクストである。読者はそれを文字を通してのぞく観客である。外のコンテクストに立っている。当然、わかりにくさを感じる。わかろうとして、外のコンテクストにもとづく解釈を下すと、それは広義の誤解になろう。しかし、誤解のまったくない文学理解は塩のない料理のようなものである。

＊

読者と作品の関係を一般的図式において考えてみる。ひとりひとりの読者は作品に対して外のコンテクストである。しかし、ごく作品の近くにいる読者もあれば、遠くの読者もある。外延の読者から見れば、作品の周囲にいる読者は作品とともに内のコンテクストを形成しているように感じられる。内と外との関係は相対的である。作品を中核にして、漸層的に外のコンテクストがこれを幾重にもとり巻いている。

いまかりに、作品と、それと直接の関係をもつ第一次読者ともいうべきものを合わせて、これを作品の内なるコンテクストとする。そういう内のコンテクストに入ることのできない、外延、あるいは次の時代の読者社会は外のコンテクストということになる。

表現の評価もこのコンテクストの内と外とでかなり大きく異なってくる。そのことがはっきり認識されていないところから、評価の歴史的変遷が時の気まぐれのように考えられたりする。内のコンテクストで成立する価値がそのまま外のコンテクストでも通用するのはむしろ例外的だと知るべきである。同時代批評が後世の容認するところとなりにくいのも、内なるコンテクストの性格を露呈している。歴史は外のコンテクストがつくる。その変圧に堪えないものは、内のコンテクストにおいてはいかに高く評価されたものであろうと、ついに湮滅の運命をまぬがれることはできない。

逆に、同時代読者、当事者的である読者にとってさほど大きな意義をもつとは考えられないような作品が、時代が変って外的コンテクストから、立ち聞きとして接する読者にはまったく新しい価値を生ずることもある。むしろ、内のコンテクストで見放されていたものが、かえって外のコンテクストで光を放つ例がすくなくない。

別な言葉で言えば、内のコンテクストで問題になるのは即時的価値であり、外のコンテクストで明らかにあるのは歴史的価値であるということになる。

即時的価値は強烈な社会現象をともなうけれども持続しない。歴史的価値は直接性を欠きながら人間の普遍に連なるものをもって安定している。内のコンテクストに対して、はっきりした外のコンテクストが確立するのは数十年経ってからであるのが普通だから、文学史的評価は一世代、二世代の時の経過を待たなくてはならないのが常識になっている。空間的にこれに匹敵する外のコンテクストをもった読者が想定されるならば、あえて時代の推移を俟《ま》つを要しない。これはすでにのべたところである。外国人読者は理論的には歴史的評価に相当する普遍的価値をとらえうるのに適した外のコンテクストに立っている。

外国人読者にかぎらず、一般に読者がはっきりした外のコンテクストに立ち、同時代の作品をのぞき、立ち聞きの形式において理解しようとするならば、即時的価値ではなく、ある程度の歴史的価値に通じるものが見えるはずである。

これまで、読者、ことに文学読者は、すこしでも作品、作者の内部へ内部へ入ろうということのみ考えた。自らの外のコンテクストを捨てて、もっとも内側のコンテクストである作者の精神と共鳴できるような錯覚をもつことを理想としてきた。文学青年読者である。これが、文学作品の即時的価値と歴史的価値を大きく乖離させる事情になっていた。

文学では内のコンテクストが独走しやすい。歴史となると、反対に外のコンテクストが絶対的になる。もともと読者は外のコンテクストに立っているべきであるのに、その本来の立場を忘れて、内のコンテクストに同化しようとし、やがて同化したと感じるところに、文学現象の混濁がおこる。

のぞき見をしている人間が、ながく見ていて、自分が外に立っていることも忘れて、対象に感情移入をしたとすれば、それはのぞき見としてはむしろ異端である。外にいるのであれば、外であることをはっきりさせなくてはならない。読者は読者らしく、外のコンテクストを背負っていることを忘れてはならない。その自覚さえあるならば、どんなに作者、作品に近いところにいる読者でも、時の流れにひとたまりもなく呑まれてしまうような臨時の不安定な評価しか下せないということはないはずである。

＊

内のコンテクストにおいて、どんなに花々しく見えても、それだけで作品が古典になるのではない。前にものべたが、生れた時点で古典であり得た作品はかつてなかった。読者という外のコンテクストに触れることなしには、表現は客観的存在、作品となることすら不可能である。

古典になるには、作品は、はっきり外的コンテクストに立っている読者、立ち聞き、のぞきに近いことをすると考えられる読者による審判を受ける必要がある。この異質のコンテクストからの評価に堪えるものでないと古典になれない。悲劇の力が喜劇よりも古典になりやすいのも、悲劇はコンテクストを超越する要素をつよくもっているためである。演劇に比べると諷刺が古典になりにくいのは、諷刺には社会的性格がつよく、したがって、コンテクストの移動に神経質であることを物語る。

もっとも、諷刺として書かれたもの、内のコンテクストでは諷刺だったものが、後の時代のコンテクストからはこどもの読みものになってしまったという興味ある例もないではない。

さらに、まったく文学的意図をもたずに書かれた手紙や日記の類が、後世、文学の扱いを受けて文学史にその名を留めるということも、例外とは言えないくらいしばしば起る。歴史の記録が古典的文学作品となるのは、どこの国の文学史においても、すこしも珍しくない。

内のコンテクストと外のコンテクストでは価値の基準が違うことははっきりしている。ただ、文学が共感という体験をともなって享受されるために、外のコンテクストがとかく忘れられやすい。星が美しいために天文学が生れるのがおくれたと言われるが、文学も美しいために読者を夢中にさせ、我を忘れて作品に没入する読者が多いために、その姿が明確にされないままの状態が続いている。

表現は作者というもっとも内なるコンテクストから外へ投げ出されてはじめて作品という社会的存在になる。それとともに、さまざまな外のコンテクストから眺められて（のぞき見されて）、はっきりした形をとらない異本が無数に生れる。一つのものが多くのものを生み出すのに似ている。すべてのものがこの繁殖に向って動いているように思われるが、表現も例外ではない。

新しい異本はそれに先行する異本を排除しようとする傾向をもつ。原本がしばしば湮滅してしまっているのは、この作用が原稿、初版などですら容赦しないことを示している。ましてや、弱い異本などは音もなく消える。天変地異、火災、戦乱をまつまでもなく、異本は異本によって抹殺される。どうしても消されないものだけが変形されながら生き残る。

異本は原本を変える。そういう異本の生れないようなものは、外的コンテクストから見て用なしということで、これはすでに湮滅と同じ運命にある。

死んでいない作品はかならず外のコンテクストに反応を生じる。反応はつねに異本の形をとる。異本は原本を改変しているからこそ異本である。その変化によって、古い作品が新しい時代社会に適合できるようになる。異本が生れることによって作品そのものの性格が変化する。異本には創造性がある。作者は作品に対して第一次的創造性を主張できるが、読者は異本によって第二次的創造性をもつことが可能である。批評や研究という形の異本である場合は第二次的創造は個人によって行われる。そうではなくて多くの読者の無意識の異本化作用によって生れた異本にも、創造性は同じように認められる。

作品が古典となるのは、こういう広義の異本によって、新しい時代の、ときとして破壊的なコンテクストに耐えた結果である。古典化にとって異本はきわめて重要な存在であって、これまで等閑に付されていたのは不思議というほかない。

＊

古い異本は新しい異本によって〝湮滅〟させられる傾向がある。しかし、排除される異本よりもつぎつぎ新しく生れる異本の方がはるかに多く、ひとつの作品のもつ異本群はしだいにふくらんで行く。

とくに、大きな価値の転換のおこったような時代においては、異本が多発する。これまで眠っていたような作品も、新しく異本を生み出す。外のコンテクストにはげしい変化がおこれば内のコンテクストも変化しないわけには行かない。異本を活潑に生じる時代とそうでない時代とはおのずから区別される。

異本は原典に対して、新しい変化をつけて複雑化の原理になる。素朴な作品に深遠な解釈が加味されるというのはその一例である。註釈や批評がつけられて作品に奥行きが生じるのも複雑化のプロセスの結果である。

他方ではしかし、整理の作用をともなう。異本は原テクストのもっていたヒダにアイロンをかけて伸すような合理化、簡素化の原理ともなる。口誦文芸においては、この異本の簡素化の原理が顕著にあらわれていて、長い伝承期間を経た物語や歌謡は、いわゆる古典的簡潔さを具えているのが普通である。余計な飾りなどをつけていては、つぎつぎあらわれる異本化の関所を無事通過できないのであろう。

ここに、ある表現が生れたとする。どんなに同質的に見えても、かならずこれは外的コンテクストである周囲につつまれることになる。表現は、あたかも真珠貝の中に入った母石のようなものだと考えることができる。貝はその角ばった石を円やかにするために、知らず知らずのうちにこれを真珠の膜で包む。そしてやがて真円に近い真珠ができる。その真珠に相当するのが古典である。母石だけでは真珠にならない。外のコンテクストとの間に適合、調和の相互作用があってはじめて玉になる。

これまで、古典という真珠のみを論じて、それがいかにして生成されるかはほとんど考えられなかった。そのため、母石は貝に入らぬ前から真珠であるかのような誤解が一般的である。

古典には外のコンテクスト、真珠貝がどうしても必要である。そして、人間にはだれにも真珠をつくる力、異本をつくる能力が具わっている。われわれは、異本をつくることによって個性の持ち主であること、創造的でありうることを実証できる。文学も異本によってのみ古典に至る道を確かな足どりで歩んで行く。

文庫版あとがき

戦時中に敵の国のことば、文学を専攻するという普通でないことを始めた人間だから、常識となっていることに、いちいち楯ついて苦しんだ。

文学作品は〝あるがまま〟に読まなくてはいけない。内外の権威ある人たちが、そう考え、そう言うからツムジを曲げた。どんなにすぐれた読者でも、「あるがまま」に読むことはできない。いい加減なことを言ってもらっては困る、と反発した。

読者はめいめい自分なりに読んでいる。作者の意図など、本人にだってはっきりしない。〝あるがままに読める〟人など存在しない。それをつき詰めて『近代読者論』を書いた。世界のどこにも、そんなものはなく、当然、無視されるほかなかった。

読者の立場に立つと、作品の意味は作者の与えたものが唯一正しい、という考えに疑問をいだく。作者の原稿、初版本がもっとも正しいテクストであるとする文献学の建前を否定しなくてはならなくなる。そして『異本論』を創り出した。作者の手を離れた作品は読者の間で異本を生ずるが、それは決して乱れた悪いテクストではない。原作の生成力の発現であるという観点に立つのが『異本論』である。異本を生まないテクストは死んでいる。古典は異本の中から生まれるという考えである。

文献学的方法によっていたのでは、外国人の文学研究は不可能であるけれども、異本を認めれば外国人読者は貴重な存在となりうる。

そういう考えをのべた『異本論』(みすず書房)が出版されたのは今から三十二年前である。これもまた、知られることすくなく放置されていたと言ってよい。

この度、みすず書房の許可を得て「ちくま文庫」に入ることになった。新しい読者にめぐまれて新しい〝異本〟が生まれることになり、著者の喜びは小さくない。

文庫化に当り、筑摩書房の金井ゆり子さんにいろいろお世話になった。ふかく感謝したい。

二〇一〇年五月二十日

外山滋比古

本書は一九七八年一一月、みすず書房より刊行された。

文学賞メッタ斬り！　大森望　豊﨑由美

文学賞って何？　受賞すれば一人前？　芥川・直木賞から地方の賞まで、国内50余の文学賞を稀代の読書家二人が徹底討論。（枡野浩一）

百年の誤読　岡野宏文　豊﨑由美

ベストセラーは、誰もが面白いと思い、素晴らしいと思った本ばかりか？　二人の読書の鬼が検証した、ベストセラー百年史。（呉智英）

読んで、「半七」！　岡本綺堂　北村薫／宮部みゆき編

半七捕物帳には目がない二人の選んだ傑作23編を二分冊で。「半七」のおいしいところをぎゅぎゅっと凝縮！　お文の魂／石燈籠／勘平の死／ほか。

もっと、「半七」！　岡本綺堂　北村薫／宮部みゆき編

一見さんも常連さんも楽しめる、半七捕物帳の傑作選！　読み巧者の二人が選んだのはどの「半七」？　むらさき鯉／かむろ蛇／二人女房／ほか。

せどり男爵数奇譚　梶山季之

せどり＝掘り出し物の古書を安く買って高く転売することを業とすること。古書の世界に魅入られた人々を描く傑作ミステリー。（永江朗）

水曜日は狐の書評　狐

鋭い切口と愛情あふれる筆致で本好きのハートをとらえた狐の書評、最新版。小説・エッセイ・マンガなど読みたい本がいっぱい。（植田康夫）

ぼくはオンライン古本屋のおやじさん　北尾トロ

ネット古書店は面白い。買い手から売り手になることの楽しさと苦労、ノウハウのすべてを杉並北尾堂の店主が、お教えします。（横里隆）

名短篇、ここにあり　北村薫　宮部みゆき編

読み巧者の二人の議論沸騰し、選びぬかれたお薦め小説12篇。となりの宇宙人／冷たい仕事／隠し芸の男／少女架刑／あしたの夕刊／網／誤訳ほか。

名短篇、さらにあり　北村薫　宮部みゆき編

小説って、やっぱり面白い。人間の愚かさ、不気味さ、人情が詰まった奇妙な12篇。華燭／骨／雲の小径／押入の中の鏡花先生／不動図／鬼火／家霊ほか。

ねにもつタイプ　岸本佐知子

何となく気になることにこだわる、ねにもつ。思索、奇想、妄想とはばたく脳内ワールドをリズミカルな名文でつづるショートショート。

FOR LADIES BY LADIES
近代《こだい》ナリコ編
女性による、女性についての魅力的なエッセイの数々から「女性と近代」を浮かび上がらせる、「おんなの子論」コレクション。

レトリックと詭弁
香西秀信
「沈黙を強いる問い」「論点のすり替え」など、議論に仕掛けられた巧妙な罠に陥ることなく、詐術に打ち勝つ方法を伝授する。

趣味は読書。
斎藤美奈子
気鋭の文芸評論家がベストセラーを読む。『大河の一滴』から『えんぴつで奥の細道』まで、目から鱗の分析がいっぱい。文庫化にあたり大幅加筆。

文章読本さん江
斎藤美奈子
「文章読本」の歴史は長い。百年にわたり文豪から一介のライターまでが書き綴った、この「文章読本」とは何ものか。第1回小林秀雄賞受賞の傑作評論。

出版業界最底辺日記
塩山芳明
南陀楼綾繁編
エロ漫画界にその名を轟かす凶悪編集者の日記。手抜き漫画家、印刷所、大手の甘ちゃん編集者……に、下請けの意地で対抗する〝血闘〟録。（福田和也）

遠い朝の本たち
須賀敦子
一人の少女が成長する過程で出会い、愛しんだ文学作品の数々を、記憶に深く残る人びとの想い出とともに描くエッセイ。（末盛千枝子）

徘徊老人の夏
種村季弘
行ったきり、も悪くない。むかし住んだ街やひなびた温泉街の路地の奥には、現実と虚構の錯綜した種村ワールドが待っている。（石田千）

谷川俊太郎の33の質問
谷川俊太郎
大岡信、林光、和田誠、吉増剛造、武満徹、粟津潔、岸田今日子ら7人の友人達に33の同じ問いを発しつつ、共に語る一味違った対談。（天野祐吉）

ことばが劈《ひら》かれるとき
竹内敏晴
ことばとこえとからだと、それは自分と世界との境界線だ。幼時に耳を病んだ著者が、いかにことばを回復し、自分をとり戻したか。

ことばの食卓
武田百合子
野中ユリ画
なにげない日常の光景やキャラメル、枇杷など、食べものに関する昔の記憶と思い出を感性豊かな文章で綴ったエッセイ集。（種村季弘）

ちくま文庫

異《い》本《ほん》論《ろん》

二〇一〇年七月十日　第一刷発行

著　者　外山滋比古（とやま・しげひこ）

発行者　菊池明郎

発行所　株式会社　筑摩書房
東京都台東区蔵前二―五―三　〒一一一―八七五五
振替〇〇一六〇―八―四一二三

装幀者　安野光雅

印刷所　中央精版印刷株式会社

製本所　中央精版印刷株式会社

乱丁・落丁本の場合は、左記宛に御送付下さい。
送料小社負担でお取り替えいたします。
ご注文・お問い合わせも左記へお願いします。
筑摩書房サービスセンター
埼玉県さいたま市北区櫛引町二―六〇四　〒三三一―八五〇七
電話番号　〇四八―六五一―〇〇五三

ISBN978-4-480-42749-6 C0190